国家卫生健康委员会"十四五"规划教材

全国中等卫生职业教育教材

供护理专业用

卫生法律法规

第4版

主 编 李顺见 李洪生

副主编 韦 岸 王冬桂

编 者（以姓氏笔画为序）

王冬桂（衡水卫生学校）

韦 岸（重庆市医药卫生学校）

苏育峰（山西省吕梁市卫生学校）

李丽莉（绥化职业技术教育中心）

李顺见（山东省莱阳卫生学校）

李洪生（山东省济宁卫生学校）

黄丕娅（云南省临沧卫生学校）

韩春园（山东省莱阳卫生学校）

人民卫生出版社
·北 京·

图书在版编目（CIP）数据

卫生法律法规/李顺见，李洪生主编. —4版. —北京：人民卫生出版社，2022.7（2025.5重印）

ISBN 978-7-117-33354-2

Ⅰ. ①卫… Ⅱ. ①李…②李… Ⅲ. ①卫生法－中国 Ⅳ. ①D922.16

中国版本图书馆 CIP 数据核字（2022）第 128054 号

| 人卫智网 | www.ipmph.com | 医学教育、学术、考试、健康，购书智慧智能综合服务平台 |
| 人卫官网 | www.pmph.com | 人卫官方资讯发布平台 |

卫生法律法规
Weisheng Falü Fagui
第 4 版

主　　编：李顺见　李洪生
出版发行：人民卫生出版社（中继线 010-59780011）
地　　址：北京市朝阳区潘家园南里 19 号
邮　　编：100021
E - mail：pmph @ pmph.com
购书热线：010-59787592　010-59787584　010-65264830
印　　刷：人卫印务（北京）有限公司
经　　销：新华书店
开　　本：850×1168　1/16　印张：8
字　　数：170 千字
版　　次：2015 年 6 月第 1 版　2022 年 7 月第 4 版
印　　次：2025 年 5 月第 8 次印刷
标准书号：ISBN 978-7-117-33354-2
定　　价：36.00 元

打击盗版举报电话：**010-59787491**　E-mail：WQ @ pmph.com
质量问题联系电话：**010-59787234**　E-mail：zhiliang @ pmph.com
数字融合服务电话：**4001118166**　E-mail：zengzhi @ pmph.com

修订说明

为服务卫生健康事业高质量发展，满足高素质技术技能人才的培养需求，人民卫生出版社在教育部、国家卫生健康委员会的领导和支持下，按照新修订的《中华人民共和国职业教育法》实施要求，紧紧围绕落实立德树人根本任务，依据最新版《职业教育专业目录》和《中等职业学校专业教学标准》，由全国卫生健康职业教育教学指导委员会指导，经过广泛的调研论证，启动了全国中等卫生职业教育护理、医学检验技术、医学影像技术、康复技术等专业第四轮规划教材修订工作。

第四轮修订坚持以习近平新时代中国特色社会主义思想为指导，全面落实党的二十大精神进教材和《习近平新时代中国特色社会主义思想进课程教材指南》《"党的领导"相关内容进大中小学课程教材指南》等要求，突出育人宗旨、就业导向，强调德技并修、知行合一，注重中高衔接、立体建设。坚持一体化设计，提升信息化水平，精选教材内容，反映课程思政实践成果，落实岗课赛证融通综合育人，体现新知识、新技术、新工艺和新方法。

第四轮教材按照《儿童青少年学习用品近视防控卫生要求》（GB 40070—2021）进行整体设计，纸张、印刷质量以及正文用字、行空等均达到要求，更有利于学生用眼卫生和健康学习。

前　言

党的十九大把"法治国家、法治政府、法治社会基本建成"确立为到2035年基本实现社会主义现代化的重要目标，开启新时代全面依法治国新征程。2020年11月16日召开的中央全面依法治国工作会议上，正式提出习近平法治思想。党和国家从战略高度提出了法治建设目标和法治思想，具有深远的战略意义和重大的现实意义。

《卫生法律法规》第4版是国家卫生健康委员会"十四五"规划教材，是供护理专业使用的专业选修课教材，也可作为其他专业学生和卫生健康技术人员的学习参考书。本教材以习近平新时代中国特色社会主义思想和习近平法治思想为指导，积极落实党的二十大精神进教材要求，以教育部《中等职业学校护理专业教学标准（试行）》为依据，以护士执业资格考试大纲相关要求为重点，精心编写而成，旨在培养护理专业学生的法治素养，使其依法执业，服务人民。本教材主要内容包括卫生法概述、护士执业法律制度、侵权责任及医疗事故处理法律制度、传染病防治法律制度、疫苗管理及突发公共卫生事件应急法律制度、献血法律制度、母婴保健法律制度、医院感染与医疗废物管理及女职工保护法律制度等。

本教材的创新点：①科学性。紧扣护士依法执业要求、护士执业资格考试需求、女性职业群体的特殊性，科学选取内容，力求解决好教什么、教多少与学什么、学多少的问题。②准确性。梳理现行卫生法律法规，全面删旧增新，确保知识准确，增加了全新的第八章，解决了知识陈旧、不适应的问题，并建立动态更新机制，随法治建设进程及时更新。③实用性。配套数字资源，包括课件和自测题，扫描每章二维码免费获得。课件既可供教师教学使用，也可供学生自学使用。每章精心编写3套自测题，既可随堂练习，也可集中测试，帮助学生掌握知识点。④新颖性。设置学习目标、工作情景与任务、知识窗、知识拓展、本章小结等特色栏目，增强新颖性、趣味性，以期解决难学、厌学的问题。⑤突出课程思政。落实立德树人根本任务，挖掘思政元素，突出课程思政，培养学生的法治意识、规则意识、奉献意识，提升学生的医学人文精神。

编写过程中，全体编委通力合作，参阅了国内许多专家、学者的著作和文献资料，在此致以诚挚的感谢。由于时间紧促，学识水平有限，本教材难免存在问题与不足，恳请广大师生在使用过程中提出宝贵的意见和建议，以便再版时更正。

李顺见　李洪生

2023年9月

目　录

第一章 | 绪 论

01章 数字资源

1. 具有学习和运用卫生法律法规的自觉性、主动性意识。
2. 掌握卫生法的作用和渊源;卫生法律关系的概念、特征和构成要素;医患法律关系的概念、性质。
3. 熟悉卫生法的概念、特点和调整对象;卫生法律关系的产生、变更和消灭;医患法律关系的构成;卫生法律责任的概念、特点和种类。
4. 了解卫生法律法规的学习方法。
5. 学会运用本章所学知识指引今后卫生法律法规的学习。

　　随着我国依法治国方略的稳步实施,法律体系不断完善。卫生法作为我国法律体系的重要组成部分,有力推动和保障了我国卫生健康事业的改革与发展。作为一名护理专业的中职学生,非常有必要掌握一定的卫生法律知识及用法技能,为今后工作中更好地依法执业、服务人民、保障健康打下良好的基础。

第一节　卫生法概述

一、卫生法的概念与特点

　　卫生法是指由国家制定或认可并由国家强制力保证实施的,调整在保护公民健康权益活动中形成的各种社会关系的法律规范的总称。

　　卫生法有狭义和广义之分。狭义的卫生法仅指卫生法律。广义的卫生法即指卫生法律法规,除包括卫生法律外,还包括卫生法规、规章,以及宪法和其他规范性法律文件中有关卫生健康的条款和规定。

　　卫生法是行政法的组成部分,属于特殊行政法,在形式上、内容上具有许多特点。

（一）卫生法在形式上的特点

1. 卫生法没有统一的法典　卫生法调整的范围十分广泛，内容十分繁杂，卫生健康工作事项烦琐多变，与卫生健康有关的法律法规甚多而又修改频繁，这就决定了对卫生健康问题难以作出统一的规定、制定一部统一的卫生法。

2. 卫生法的法律形式表现出多样化特点　在形式上，卫生法由宪法、法律、行政法规、规章等众多的法律文件所构成，是卫生法律规范的总和，表现为法、条例、规定、办法等，呈现多样化。

3. 卫生法是诸法合体、多种调节手段并用的特殊规范形态　我国的民法与民事诉讼法、刑法与刑事诉讼法，都是分别作为实体法和程序法分开制定的。而卫生法不同，它往往是实体法与程序法交织在一起，同一个卫生法律规范性文件既有实体性法律规定，又有程序性法律规定。

（二）卫生法在内容上的特点

1. 卫生法具有广泛性和易变性　卫生法从卫生健康行政组织、卫生健康行政管理、卫生健康行政监督，到医疗机构管理、职业资格准入、医患纠纷解决，再到计划生育、母婴保健、疾病预防控制等卫生关系都做了规定，可称得上是涉及的内容纷繁复杂，调整的关系纵横交错。同时卫生法调整的事项经常变化，并时有突发性公共卫生事件发生，因而卫生法调整的范围和事项具有广泛性和易变性的特点。

2. 卫生法以保护公民生命健康权为根本标志　我国现行常用的卫生法律法规就有数百件之多，但它们都是以保护公民生命健康权为根本宗旨。任何一个法律文件或法律规范，只要其立法目的和要求是出于保护公民生命健康权益的，就属于卫生法的范畴。

3. 卫生法包含自然科学技术规范　卫生健康工作具有很强的技术规范性，必须适应现代科学技术发展，把科学技术的研究成果应用于卫生健康工作中。卫生法通过立法的形式，强化卫生健康技术规范，形成操作规程、技术常规及卫生健康标准等法定性技术规范，供人们遵照执行。

二、卫生法调整的对象

卫生法的调整对象是保护公民健康权益活动和过程形成的所有社会关系，归纳起来有六个方面。

（一）卫生健康组织关系

卫生健康组织是指各级卫生健康主管部门和各级各类医疗卫生机构及组织。国家通过用法律条文的形式将各级卫生健康主管部门和各级各类医疗卫生机构及组织的法律地位、组织形式、隶属关系、职权范围以及权利、义务等固定下来，形成合理的组织体系和制度。

（二）卫生健康管理关系

卫生健康管理是国家从社会生活总体角度进行的全局性的统一管理，是国家行政管理的重要内容和职责。卫生健康管理关系是指卫生健康行政机关对医疗卫生机构及组织、有关企事业单位、社会团体和公民、医疗卫生技术人员等以及这些组织与个人的医药卫生活动等进行管理所形成的行政管理关系。

（三）卫生健康服务关系

卫生健康服务关系是卫生健康主管部门、医疗卫生机构及组织、有关企事业单位、社会团体向社会公众提供的医疗预防保健服务、卫生健康咨询服务、卫生健康设施服务等活动所形成的服务关系。

（四）生命健康权益保护关系

生命健康权包括人格权、身体权、健康权，属于人格权，是指自然人的生命安全和生命尊严、身体完整和行动自由、身心健康均受到法律保护。保护人的生命健康是卫生法最高的、最根本的职能。保护人的生命健康权益所形成的各有关组织、自然人之间的关系是卫生法调整的对象。

（五）现代医学与生命科学技术关系

现代医学与生命科学技术发展中出现的许多新问题，需要卫生法予以规范和调整，以实现现代医学与生命科学技术服务人类健康的目的。

（六）国际卫生关系

国际卫生关系是指由我国参加的国际公约和国际条例，并得到我国法律许可的、有关国际社会共同遵守的、我国承诺的卫生法律关系。

三、卫生法的作用

（一）卫生法的规范作用

1. 指引作用　是指卫生法对个人行为所起的引导作用。卫生法律规范为卫生法律关系主体提供了某种行为模式，指引人们可以这样行为、必须这样行为或不可这样行为。

2. 预测作用　是指人们根据卫生法，可以预先估计相互间将怎样行为以及行为的后果等，从而对自己的行为作出合理的安排，适时调整自己的行为。

3. 评价作用　是指卫生法作为一种行为规则，具有判断和衡量人们行为合法或不合法的作用。法律通过评价作用来影响人们的价值观念和是非选择，从而达到指引人们行为的效果。

4. 教育作用　是指卫生法通过其本身的存在以及实施产生广泛的社会影响，教育人们实施正当行为的作用。

5. 强制作用　是指卫生法通过强制方式惩戒不法行为，给予不法行为人民事赔偿处理或行政、刑事处罚，以维护卫生法律秩序的作用。

（二）卫生法的社会作用

1. 贯彻国家的卫生健康政策　国家对社会的管理方式是多种多样的,首先是制定国家政策,包括制定卫生健康政策,用以规范各级人民政府的卫生健康工作和人们的卫生健康行为。

2. 保障公民生命健康　卫生健康工作的目的是防病治病、保护人类健康。卫生法就是国家围绕并实现这一目的而制定的行为规范的总和。通过卫生法的实施,以国家强制力实现公民健康权益的保障。

3. 促进经济社会发展　卫生法保护人的生命健康,最终是保护和发展社会生产力,为经济建设发挥巨大的推动和促进作用。

4. 促进国际卫生健康交流和合作　在卫生健康方面的国际交往中,为了维护国家主权,保障彼此间的权利和义务,我国颁布了一系列涉外的卫生法律法规,进一步促进了我国卫生健康事业的国际交流与合作。

四、卫生法的渊源

（一）卫生法的渊源的概念

法律的渊源即法律的来源,是指国家机关、公民和社会组织为寻求行为的根据而获得具体法律的来源,有时简称"法源"。

卫生法的渊源是指国家机关依照法定职权和程序制定或认可的、具有不同法律效力和地位的卫生法律规范表现形式。

（二）我国卫生法的渊源

我国卫生法的渊源或卫生法表现形式主要有八种。

1. 宪法　是卫生法最高、最根本的渊源。任何卫生法律法规不得与宪法相冲突。

2. 卫生法律　是由全国人民代表大会及其常务委员会制定的规范性文件,是卫生法的基本渊源。如《中华人民共和国母婴保健法》《中华人民共和国传染病防治法》等。

3. 卫生行政法规　是由国务院制定或批准颁布的法律效力低于卫生法律的规范性文件。如《护士条例》《医疗事故处理条例》等。

4. 地方性卫生法规　是由省、自治区、直辖市的人民代表大会及其常务委员会根据本行政区域的具体情况和实际需要,在不与宪法、法律、行政法规相抵触的前提下制定的有关卫生健康方面的规范性文件。

5. 自治条例、单行条例　是指由民族自治地方的人民代表大会制定的、有关本地方实行的综合性的或者某一方面具体事项的规范性文件。有关综合性的规范性文件是自治条例;某一方面具体事项的规范性文件是单行条例。两者仅在民族自治地方适用,其中也有包含有关卫生健康工作的规定,因此,也属于卫生法的渊源。

6. 卫生规章　是指有关卫生健康工作的行政规章,包括部门卫生规章和地方政府卫生规章。如《护士执业资格考试办法》《中华人民共和国传染病防治法实施办法》等。

7. 法律解释　是指对法律和法规条文的含义所作的说明。

8. 卫生国际条约　是指我国与外国缔结的有关卫生健康事项的条文和条款。

第二节　卫生法律关系

一、卫生法律关系的概念及特征

（一）卫生法律关系的概念

卫生法律关系是指由卫生法所调整的国家机关、企事业单位和其他社会团体之间，它们的内部机构以及它们与公民之间，在卫生健康管理监督和医疗卫生预防保健服务过程中所形成的权利和义务关系。

（二）卫生法律关系的特征

卫生法律关系的特征表现为三个方面。

1. 形成和存在于服务活动过程中　卫生法律关系是在卫生管理和医疗卫生、预防保健服务过程中，基于保障和维护人体健康而结成的法律关系。即它是存在于医疗卫生领域或卫生健康管理和服务活动过程，因健康权益保护而形成的权利和义务关系。

2. 以卫生法律规范的存在为前提　卫生法律关系是由卫生法所确认和调整的社会关系，必须以相应的卫生法律规范的存在为前提。

3. 是一种纵横交错的法律关系　卫生法律关系既有纵向的行政法律关系，也有横向的、平等主体之间的民事法律关系。

二、卫生法律关系的构成要素

卫生法律关系由主体、客体和内容三个方面的要素构成。这三个要素必须同时具备，缺一不可。如果缺乏其中任何一个要素，该卫生法律关系就无法形成或无法继续存在。

（一）主体

卫生法律关系主体是指在具体的卫生法律关系中享有权利和承担义务的人或组织，是卫生法律行为的实际参加者，包括卫生健康主管部门、医疗卫生单位、社会团体、公民等。作为法律关系的主体，必须具有权利能力和行为能力。权利能力是指能够依法享受权利和承担义务的资格。行为能力是指能够以自己行为依法行使权利和承担义务，从而使法律关系发生变更或消灭的资格。

（二）内容

卫生法律关系内容是指卫生法律法规规定的权利和义务。权利是指主体依法享有的权能或利益，表现为权利人有权作出某种行为和要求对方作出某种行为。义务是指主体依法承担的某种必须履行的责任,表现为义务人按照权利人要求作出一定行为和依法不作出某种行为。

（三）客体

卫生法律关系客体是指主体的卫生权利和义务所指向的对象,包括公民的生命健康权、行为(如卫生健康行政管理机关的管理监督行为、医疗卫生机构的医疗卫生服务行为)、物(如药品、医疗器具)、精神产品等。

三、卫生法律关系的产生、变更和消灭

卫生法律关系的产生、变更和消灭必须具备相应法律规范和相关的法律事实两个条件。导致卫生法律关系产生、变更和消灭的法律事实主要有两个。

（一）法律事件

法律事件是指能导致一定的法律后果而又不以人的意志为转移的特定社会现象,包括自然事件(如地震、洪水等)和社会事件(如战争、卫生法律法规的修订等)。

（二）法律行为

法律行为是指当事人有意识、有目的的某种活动,包括合法行为和违法行为。卫生法律关系的产生、变更和消灭大多是由当事人的行为引起的。

第三节　卫生法律责任

一、卫生法律责任的概念及特点

（一）卫生法律责任的概念

卫生法律责任是指卫生法所确认的,违反卫生法律规范的行为主体对其违法行为应承担的,带有强制性、制裁性和否定性的法律后果。

（二）卫生法律责任的特点

卫生法律责任具有四个方面的特点。

1. 由卫生法律法规明确规定　卫生法律关系主体承担何种法律后果,必须以卫生法律法规为依据。卫生法律法规没有规定的,行为主体不能、也不用承担法律责任。

2. 具有国家强制性　卫生法律责任的履行由国家强制力保证,由专门的机关认定,与法律制裁密切联系。

3. 一般以卫生违法行为为前提　卫生法律关系主体存在卫生健康违法行为,并且违法行为与损害结果之间有因果关系,才构成卫生法律责任。

4. 由专门机关追究　卫生法律责任只能由卫生健康主管部门或司法机关依法、依职权予以追究。

二、卫生法律责任的种类

在我国现行的卫生法律法规中，卫生法律责任主要有三种：民事责任、行政责任和刑事责任。它们是以引起责任的卫生管理、服务行为的性质和危害程度为标准划分的。

（一）民事责任

1. 民事责任的概念　是指民事主体（公民和法人）违反合同或者不履行民事义务，侵害国家的、集体的和他人的合法权益，依照《中华人民共和国民法典》应承担的民事法律后果。

2. 民事责任的形式　是指民事主体承担民事责任的具体措施，也称承担民事责任的方式。《中华人民共和国民法典》规定，承担民事责任的方式主要：①停止侵害；②排除妨碍；③消除危险；④返还财产；⑤恢复原状；⑥修理、重作、更换；⑦继续履行；⑧赔偿损失；⑨支付违约金；⑩消除影响、恢复名誉；⑪赔礼道歉。

3. 卫生法中的民事责任　是指卫生健康机构、卫生健康工作人员或从事与卫生健康事业有关的机构，违反法律规定，侵害公民的健康权利，应对受害人承担民事责任，承担民事责任的形式主要是赔偿损失。

（二）行政责任

1. 行政责任的概念　行政责任是行政法律责任的简称，指违反有关行政管理的法律、法规的规定，但尚未构成犯罪的行为所依法应当承担的法律后果。

2. 行政责任的种类　包括行政处分和行政处罚。

（1）行政处分的种类：①警告；②记过；③记大过；④降级；⑤撤职；⑥开除。

（2）行政处罚的种类：①警告；②罚款；③没收违法所得、没收非法财物；④责令停产停业；⑤暂扣或者吊销许可证、暂扣或者吊销执照；⑥行政拘留。

3. 行政责任的形式　行政责任按承担的主体不同，可分为行政主体及其公务员承担的行政责任和行政相对人承担的行政责任。

（1）行政主体承担行政责任的具体方式：①通报批评；②赔礼道歉，承认错误；③恢复名誉，消除影响；④返还权益；⑤恢复原状；⑥停止违法行为；⑦履行职务；⑧撤销违法的行政行为；⑨纠正不适当的行政行为；⑩行政赔偿等。

（2）公务员承担行政责任的具体方式：①通报批评；②承担赔偿损失的责任；③接受行政处分等。

（3）行政相对人承担行政责任的具体方式：①承认错误，赔礼道歉；②接受行政处罚；③履行法定义务；④恢复原状，返还财产；⑤赔偿损失等。

4. 卫生法的行政责任　我国卫生法规定的行政责任包括行政处分和行政处罚。

（1）行政处分：是指卫生健康主管部门、医药卫生单位依法给予隶属于它的违法或违纪行为人的一种制裁性处理，主要有警告、记过、记大过、降级、撤职、开除。

（2）行政处罚：是指国家行政机关及其他依法可以实施行政处罚权的组织，对违反卫生法律法规，尚不构成犯罪的公民、法人及其他组织实施的一种制裁行为，主要有警告，罚款，没收违法所得，没收非法财物，责令停产、停业，暂扣或者吊销执照等。

（三）刑事责任

1. 刑事责任的概念　刑事责任是指行为人实施犯罪必须承担的法律后果。犯罪是指触犯《中华人民共和国刑法》依法应受刑罚处罚的行为。

2. 刑事责任的承担方式　刑事责任的承担方式主要是刑罚。依照《中华人民共和国刑法》的规定，刑罚包括主刑和附加刑两种。

（1）主刑：①管制；②拘役；③有期徒刑；④无期徒刑；⑤死刑。

（2）附加刑：①罚金；②剥夺政治权利；③没收财产。

此外，对于犯罪的外国人，可以独立适用或者附加适用驱逐出境。

3. 卫生法中的刑事责任　我国卫生法中的刑事责任规定主要体现在《中华人民共和国刑法》中。

第四节　医患法律关系

一、医患法律关系的概念及性质

（一）医患法律关系的概念

医患法律关系是指在疾病诊疗过程中，有关的医疗机构及其医务人员与患者之间形成的一种权利义务关系。

（二）医患法律关系的性质

医疗机构及其医务人员（简称为医方）与患者之间的法律关系具有民事法律关系的属性，符合民事法律关系的要件。

1. 医患双方具有平等的法律地位　虽然现实中医方必定在诊疗过程中具有掌握信息的优势条件，但医方的优势并不能改变法律地位上的平等。

2. 医患双方达成了一致的诊疗意愿　患者在选择医方以及后期选择治疗方案等都是根据自己的意愿进行的，医方也可以拒绝患者的一些不合法的要求。

3. 医患双方是等价有偿的　医方提供医疗行为和患者治疗疾病支付报酬之间是等价有偿的。

二、医患法律关系的构成

（一）医患法律关系的主体

医患法律关系的主体既可以是医方，也可以是患者，均有相应的规定要求。

1. 医方作为主体　医方作为医患法律关系的主体时,可以是医疗机构或医务人员。但是医务人员作为医患法律关系的主体时,必须是医疗机构的开设者,并且是施行诊疗行为的医务人员本人,如个体诊所。

2. 患者作为主体　患者作为医患法律关系的主体时,要区分有无民事法律行为能力。精神健康状况正常的成年人,具有主体资格。若患者是无民事行为能力人、限制民事行为能力人时,医方的诊疗行为应由患者的法定代理人同意。

（二）医患法律关系的内容

医患法律关系的内容就是医患双方围绕诊疗服务展开的,基于诊疗行为或是法律规定产生的权利和义务,也就是医患双方的权利和义务。

1. 患者的权利与义务

（1）患者的权利:包括生命健康权、平等就医权、知情权、选择权、隐私权等。生命健康权是患者最基本的权利,患者的生命健康权应受到根本保障。它也是其他权利的基础,没有了生命健康权,其他权利也只是空谈。公民在患有疾病或损伤时,享有从医疗机构获得医疗服务的权利,即平等就医权。患者享有的平等就医权必须予以高度的保护和认可,任何医疗机构都不得拒收患者,特别是将危重患者拒之门外。此外,知情权、选择权、隐私权也是诊疗行为中患者的基本权利。

（2）患者的义务:包括患者必须遵守医疗机构的规章制度、支付相应的医疗费用、尊重医务人员的人格与工作、对医疗行为积极配合、接受医学检查、接受强制治疗等。

2. 医方的权利与义务

（1）医方的权利:包括治疗权、疾病的调查权、自主诊断权、医学处方权、强制治疗权、紧急治疗权等。治疗权是基于医务人员利用自己的专业知识和技能为患者恢复或维持健康提供治疗的行为而产生的,是医方最基本的职业权利。在特殊情况下,医务人员需要干涉患者的自主权利,以实现诊疗的目的。当患者拒绝治疗时,医务人员认为如果不进行治疗会带来严重后果或是不可挽回的损害时,对患者的决定予以干预,但是这种干涉权必须在尊重生命、对患者有利无害的前提之下才能实施。医务人员在医疗活动中,享有人格尊严、人身安全不受侵犯的权利。

（2）医方的义务:包括诊疗义务、告知义务、保存和提供病历的义务等。诊疗义务的内容是医方根据患者的要求,正确运用医学知识和技术手段,诊断患者病因,制订治疗方案并实施。诊疗义务的履行是一个复杂的行为过程,包括医方充分利用其掌握的医学知识,适当运用有助于诊断的技术手段或通过多类医护人员会诊以判明患者的病症、制订合适的治疗方案等。诊疗义务是医方的基础义务,医方的一切医疗活动都是围绕这一义务展开的。医方对涉及患者或第三人利益的重大事项均负有告知义务,以维护患者或第三人的合法权益。病历作为患者病情和病史的记录载体,具有治疗和证据两个方面的功能。医方的制作和保管病历义务尤其显得十分重要。对此《中华人民共和国医师法》规定,医师必须按照有关规定及时填写医学文书,不得隐匿、伪造或者销毁医学文书及有关资料，从法律上明确了医师制作、保管病历的义务。

（三）医患法律关系的客体

在医患法律关系中，客体应是医方为患者提供的医疗行为。医疗行为指医务人员对患者疾病的诊断、治疗、预后判断及护理等具有专业性内容的行为。在医患法律关系中，患者的权利是请求医方为其提供一定的医疗行为，医方基于患者的要求提供医疗服务，并且医方以完成一定的医疗行为作为履行义务的基本形式，因此医疗行为构成了医患法律关系的客体。

第五节　卫生法律法规的学习方法

一、理论联系实际的方法

理论联系实际的方法是指将学习的理论与实践进行结合，将理论运用于实践，并在实践中检验理论，将理论和实践结合在一起。卫生法律法规是一门注重实践的课程，只有与职业中遇到的问题相结合，才能学以致用，做到知行合一。

二、辩证唯物史观的方法

辩证唯物史观是根据社会历史发展的自身固有的客观规律，客观、公正、全面、辩证地看待历史问题。卫生法的产生与发展都有其历史背景，学习中应注重卫生法律法规产生的原因与背景，并认识到随着医学科技进步，卫生法律法规也在不断更新变化。

三、案例分析的方法

案例分析的方法是指将案例与自己的理论实践相结合，分析问题产生的原因，找到自身存在的问题，规范自己的行为。通过分析相关案例，进一步加深对卫生法律法规的理解，不断提高依法执业的意识。

本章小结　本章学习重点是卫生法律责任和医患法律关系。学习难点是卫生法律责任的承担方式、医方和患者的权利与义务的理解。在学习过程中，要注重增强学习和运用卫生法律法规的自觉性、主动性，并不断提升自身的责任意识和服务意识。

（李洪生）

? 思考与练习

1. 卫生法调整的对象有哪些?
2. 卫生法律责任的种类有哪些?
3. 患者的权利与义务有哪些?

第二章 | 护士执业法律制度

02章 数字资源

学习目标

1. 具有维护自身权利、履行法律义务、依法执业的意识和法治素养。
2. 掌握护士执业注册；护士执业权利和义务、护士从业规范；护士的法律责任。
3. 熟悉护士的概念及法律制度建设；护士执业资格考试；医疗卫生机构管理和使用护士的要求；医疗卫生机构的法律责任。
4. 了解医疗卫生机构护士配备要求；卫生健康主管部门工作人员的法律责任；社会其他人员的法律责任。
5. 学会运用所学法律知识，正确进行执业注册，规范执业行为。

护理工作是医疗卫生工作的重要组成部分，护士以其专业化知识和技术为患者提供护理服务，满足人民群众的健康服务需求，在医疗、预防、保健、康复领域中具有不可或缺的作用。为了维护护士的合法权益，规范护理行为，促进护理事业发展，保障医疗安全和人体健康，国家颁布了相关的法律法规。

第一节 概 述

工作情景与任务

情景导入：

张某，2020年7月毕业于某卫生学校普通全日制医学检验技术专业，学制3年。2021年张某准备申请参加护士执业资格考试。

请思考：

张某申请参加护士执业资格考试是否符合条件？为什么？

一、护士的概念及法律制度建设

（一）护士的概念

护士是指经执业注册取得护士执业证书，依照《护士条例》规定从事护理活动，履行保护生命、减轻痛苦、增进健康职责的卫生技术人员。

知识窗

护士之名的由来

我国的护理从业者以前被称为"看护"，直到1914年才改称为"护士"。

1914年6月，天津北洋女医学堂的钟茂芳在第一届全国护士代表大会上提议，将"Nurse"一词正式翻译为"护士"，弃用"看护"一词，改称"护士"。她认为从事护理事业的人，应该是具有科学知识和专业技能的人，"护"具有照顾和保护之意，而"士"是指有学问的人。将"Nurse"译为"护士"，既融合东西方文化内涵，也准确地表达了这一职业的文明与高尚，赋予护士尊重生命、护理生命的神圣职责。她对"护士"一词的诠释，得到了大家的一致认可，"护士"一词获大会批准通过，并使用至今。钟茂芳也在这次会议上被推举为中华护士会副会长。

（二）法律制度建设

1993年3月26日，卫生部颁布《中华人民共和国护士管理办法》，自1994年1月1日起施行。2008年1月31日，国务院令第517号公布《护士条例》，自2008年5月12日起施行。2020年3月27日，国务院对《护士条例》进行了修订。

2008年5月6日，卫生部令第59号发布《护士执业注册管理办法》，自2008年5月12日起施行。2021年1月8日，国家卫生健康委员会对《护士执业注册管理办法》进行了修订。2010年5月10日，卫生部、人力资源社会保障部令第74号发布了《护士执业资格考试办法》，自2010年7月1日起施行。

相关法律法规的出台，体现了党和国家对护理事业发展的高度重视，极大激发了广大护士的工作热情，有效维护了护士的合法权益，规范了护理执业行为，促进了护理事业的发展。

二、护士执业资格考试

全国护士执业资格考试是评价申请护士执业资格者是否具备执业所必需的护理专业知识与工作能力的考试。国家卫生健康委员会负责组织实施护士执业资格考试，该考试实行国家统一考试制度,统一考试大纲,统一命题,统一合格标准。

(一)申请参加考试的条件

在中等职业学校、高等学校完成国务院教育主管部门和卫生健康主管部门规定的普通全日制 3 年以上的护理、助产专业课程学习,包括在教学、综合医院完成 8 个月以上护理临床实习,并取得相应学历证书的人员,可以申请参加护士执业资格考试。

(二)提交材料

申请参加考试的人员,应当在公告规定的期限内报名,并提交以下材料:①护士执业资格考试报名申请表;②本人身份证明;③近 6 个月二寸免冠正面半身照片 3 张;④本人毕业证书;⑤报考所需的其他材料,如护理临床实习证明等。

(三)申请参加考试的流程

1. 网上报名　登录中国卫生人才网进行网上报名,并打印报名表。

2. 审核确认　持报名表及相关证件,送至所在单位报名管理部门审核。学校可以为本校应届毕业生办理集体报名手续。申请人为非应届毕业生的,可以选择到人事档案所在地卫生健康主管部门报名。

(四)考试时间、内容

护士执业资格考试原则上每年举行一次,内容包括专业实务和实践能力两个科目。一次考试通过两个科目为考试成绩合格,取得考试成绩合格证明。

第二节　护士执业注册

工作情景与任务

情景导入:

赵某,2017 年通过护士执业资格考试,后因病未办理执业注册。2022 年 3 月,赵某拟在某市人民医院从事护理工作,需办理执业注册。

请思考:

1. 赵某应向什么部门提出申请护士执业注册?

2. 赵某需要提交哪些材料?

一、执 业 注 册

护士经执业注册取得护士执业证书后,方可按照注册的执业地点从事护理工作。

国家卫生健康委员会负责全国护士执业注册监督管理工作。县级以上地方卫生健康主管部门是护士执业注册的主管部门,负责本行政区域的护士执业注册监督管理工作。国家建立护士管理信息系统,实行护士电子化注册管理。

（一）注册条件

申请护士执业注册需具备的条件：①具有完全民事行为能力；②在中等职业学校、高等学校完成国务院教育主管部门和卫生健康主管部门规定的普通全日制3年以上的护理、助产专业课程学习，包括在教学、综合医院完成8个月以上护理临床实习，并取得相应学历证书；③通过国家卫生健康委员会组织的护士执业资格考试；④符合申请护士执业注册规定的健康标准。

健康标准包括：①无精神病史；②无色盲、色弱、双耳听力障碍；③无影响履行护理职责的疾病、残疾或者功能障碍。

（二）提交材料

申请护士执业注册应当提交的材料：①护士执业注册申请审核表；②申请人有效身份证明；③申请人学历证书及专业学习中的临床实习证明、护士执业资格考试成绩合格证明；④医疗卫生机构拟聘用的相关材料。

（三）提出申请

自通过护士执业资格考试之日起3年内向批准设立拟执业医疗机构或者为该医疗机构备案的卫生健康主管部门提出申请；逾期提出申请的，除按照初次申请提交规定的材料外，还应当提交省、自治区、直辖市卫生健康主管部门规定的教学、综合医院接受3个月临床护理培训并考核合格的证明。

（四）审核与注册

卫生健康主管部门应当自受理申请之日起20个工作日内，对申请人提交的材料进行审核、注册。符合规定条件的，发给国家卫生健康委员会统一印制的护士执业证书，注明护士的姓名、性别、出生日期等个人信息及证书编号、注册日期和执业地点。对不符合规定条件的，不予注册，并书面说明理由。

（五）执业注册有效期

护士执业注册有效期为5年。

二、延 续 注 册

护士执业注册有效期届满需要继续执业的，应当办理延续注册。

（一）提出申请

有效期届满需要继续执业的，应当在有效期届满前30日，向批准设立执业医疗机构或者为该医疗机构备案的卫生健康主管部门申请延续注册，并提交护士执业注册申请审核表和申请人的护士执业证书。

（二）审核办理

注册部门自受理延续注册申请之日起20个工作日内进行审核。审核合格的，予以延续注册；审核不合格的，不予延续注册，并书面说明理由。医疗卫生机构可以为本机构聘用的护士集体办理护士执业注册和延续注册。

（三）不予延续注册的情形

有下列情形之一的，不予延续注册：①不符合申请护士执业注册规定的健康标准的；②被处暂停执业活动处罚期限未满的。

三、变更注册

护士在其执业注册有效期内变更执业地点等注册项目，应当办理变更注册。

（一）提出申请

护士在其执业注册有效期内变更执业地点等注册项目的，应当向批准设立执业医疗机构或者为该医疗机构备案的卫生健康主管部门报告，并提交护士执业注册申请审核表和申请人的护士执业证书。

（二）办理变更

注册部门应当自受理之日起7个工作日内为其办理变更手续。

护士跨省、自治区、直辖市变更执业地点的，收到报告的注册部门还应当向申请人原执业地注册部门通报。县级以上地方卫生健康主管部门应当通过护士管理信息系统，为护士变更注册提供便利。

（三）不需变更注册的情形

有下列情形之一的，不需要办理执业地点变更等手续：①承担经注册执业机构批准的卫生支援、进修、学术交流、政府交办事项等任务；②参加卫生健康主管部门批准的义诊；③在签订帮扶或者托管协议的医疗卫生机构内执业；④从事执业机构派出的上门护理服务等。

四、重新注册

（一）需重新申请注册的情形

有下列情形之一的，拟在医疗卫生机构执业时，应当重新申请注册：①注册有效期届满未延续注册的；②受吊销护士执业证书处罚，自吊销之日起满2年的。

（二）提交材料

重新申请注册的，按照初次申请注册的规定提交材料。中断护理执业活动超过3年的，还应当提交在省、自治区、直辖市人民政府卫生健康主管部门规定的教学、综合医院接受3个月临床护理培训并考核合格的证明。

五、注销注册

护士执业注册后有下列情形之一的，原注册部门办理注销执业注册：①注册有效期届满未延续注册；②受吊销护士执业证书处罚；③护士死亡或者丧失民事行为能力。

第三节　护士执业的权利和义务、从业规范

《护士条例》规定了护士执业的权利与义务，有助于护士的个人成长与整个护理队伍的健康发展。

一、护士执业的权利

（一）人格尊严权

护士享有人格尊严、人身安全不受侵犯的权利，护士依法履行职责，受法律保护。全社会应当尊重护士。

（二）劳动报酬权

护士执业，有按照国家有关规定获取工资报酬、享受福利待遇、参加社会保险的权利。任何单位或者个人不得克扣护士工资，降低或者取消护士福利等待遇。

（三）劳动保护权

护士享有获得与其所从事的护理工作相适应的卫生防护、医疗保健服务的权利。从事直接接触有毒有害物质、有感染传染病危险工作的护士，有依照有关法律法规的规定接受职业健康监护的权利，患职业病的，有依照法律法规的规定获得赔偿的权利。

（四）职称晋升、学习培训权

护士享有按照国家有关规定获得与本人业务能力和学术水平相应的专业技术职务、职称的权利；享有参加专业培训、从事学术研究和交流、参加行业协会和专业学术团体的权利。

（五）诊疗知情、建议权

护士享有获得疾病诊疗、护理相关信息的权利和其他与履行护理职责相关的权利；享有可以对医疗卫生机构和卫生健康主管部门的工作提出意见和建议的权利。

（六）获得表彰和奖励权

国务院有关部门对在护理工作中做出杰出贡献的护士，应当授予全国卫生健康系统先进工作者荣誉称号，受到表彰、奖励的护士享受省部级劳动模范、先进工作者待遇；对长期从事护理工作的护士应当颁发荣誉证书。

县级以上地方人民政府及其有关部门对本行政区域内做出突出贡献的护士，按照省、自治区、直辖市人民政府的有关规定给予表彰、奖励。

二、护士执业的义务

（一）依法执业的义务

护士执业，应当遵守法律、法规、规章和诊疗技术规范的规定，这是护士执业的基本要求和根本准则。

（二）告知义务

护士在执业活动中，发现患者病情危急，应当立即通知医师。护士发现医嘱违反法律、法规、规章或者诊疗技术规范规定的，应当及时向开具医嘱的医师提出；必要时，应当向该医师所在科室的负责人或者医疗卫生机构负责医疗服务管理的人员报告。

（三）先行紧急救护的义务

护士在紧急情况下为了抢救垂危患者生命，若医生不在场或无法联系时，应当先行实施必要的紧急救护，为挽救患者生命争取宝贵时间。

（四）保护患者权益的义务

护士应当尊重、关心、爱护患者，保护患者的隐私。这实质上是对患者人格和权利的尊重，有利于与患者建立相互信任、以诚相待的护患关系。

（五）参加公共卫生和疾病预防控制及突发事件医疗救护的义务

护士有义务参与公共卫生和疾病预防控制工作。发生自然灾害、公共卫生事件等严重威胁公众生命健康的突发事件，护士应当服从县级以上人民政府卫生健康主管部门或者所在医疗卫生机构的安排，参加医疗救护。

三、护士从业规范

《护士条例》规定，护士执业，应当遵守法律、法规、规章和诊疗技术规范的规定。《医疗机构从业人员行为规范》规定了护士从业行为规范。

（一）提升知识、技能

护士应不断更新知识，提高专业技术能力和综合素质，尊重、关心、爱护患者，保护患者的隐私，注重沟通，体现人文关怀，维护患者的健康权益。

（二）严格落实各项规章制度

护士应正确执行临床护理实践和护理技术规范，全面履行医学照顾、病情观察、协助诊疗、心理支持、健康教育和康复指导等护理职责，为患者提供安全、优质的护理服务。

（三）工作严谨、慎独

护士应对执业行为负责，细心认真，发现患者病情危急，应立即通知医师。在紧急情况下为抢救垂危患者生命，应及时实施必要的紧急救护。

（四）严格执行医嘱

护士应严格执行医嘱，发现医嘱违反法律、法规、规章或者临床诊疗技术规范，应及时与医师沟通或按规定报告。

（五）按照要求规范书写病历

护士应按照要求及时、准确、完整、规范地书写病历，认真管理病历，不伪造、隐匿或违规涂改、销毁病历。

为了加强对护士执业行为的监督管理，促进护理行为的规范，《护士条例》要求县级以上地方人民政府卫生健康主管部门建立本行政区域的护士执业良好记录和不良记录，并将该记录记入护士执业信息系统。护士执业良好记录包括护士受到的表彰、奖励以及完成政府指令性任务的情况等内容。护士执业不良记录包括护士因违反本条例以及其他卫生管理法律、法规、规章或者诊疗技术规范的规定受到行政处罚、处分的情况等内容。

第四节　医疗卫生机构的职责

工作情景与任务

情景导入：

某社区卫生服务中心人手不足，急需护士，经人介绍，拟录用贾某，核查证件时发现贾某无护士执业证书。

请思考：

该社区卫生服务中心是否可录用贾某从事护理工作？

护士队伍建设和管理，直接关系到医院的工作质量，更直接影响到护理质量、患者安全。医疗卫生机构应当按照法律法规的要求，加强护士队伍的建设和管理。

一、配备护士要求

《护士条例》规定，医疗卫生机构配备护士的数量不得低于国务院卫生健康主管部门规定的护士配备标准。

2020年8月21日，国家卫生健康委员会办公厅发布的《关于进一步加强医疗机构护理工作的通知》指出，医疗机构要建立护士人力资源配置和弹性调配制度，采取有效措施优先保障临床护士人力配备到位，不得随意减少临床一线护士数量，原则上临床护理岗位护士数量占全院护士数量不低于95%。二级及以上医院全院病区护士与实际开放床位比不低于0.5∶1，重症监护病房护士与实际开放床位比不低于（2.5～3）∶1。

我国注册护士人数

2021 年 7 月 13 日，国家卫生健康委员会规划发展与信息化司发布《2020 年我国卫生健康事业发展统计公报》的数据显示，2020 年末全国卫生技术人员 1 067.8 万人，其中注册护士 470.9 万人，每千人口注册护士 3.34 人。

二、管理使用护士要求

（一）医疗卫生机构对护士管理的要求

医疗卫生机构应当按照国务院卫生健康主管部门的规定，设置专门机构或者配备专（兼）职人员负责护理管理工作，建立护士岗位责任制并进行监督检查。

2020 年 8 月 21 日，国家卫生健康委员会办公厅发布的《关于进一步加强医疗机构护理工作的通知》指出，医疗机构要加强护理工作的组织管理，建立扁平化的护理管理层级，建立健全护理管理制度，包括护士岗位培训制度、护理岗位管理制度、护士人力资源管理制度、科学绩效考核制度、护理不良事件报告制度等。

（二）医疗卫生机构对护士使用的要求

从事护理工作的人员必须经执业注册取得护士执业证书。在教学、综合医院进行护理临床实习的人员应当在护士指导下开展有关工作。

医疗卫生机构不得允许下列人员在本机构从事诊疗技术规范规定的护理活动：①未取得护士执业证书的人员；②未依法办理执业地点变更手续的护士；③护士执业注册有效期届满未延续执业注册的护士。

第五节 法 律 责 任

《护士条例》及相关法律法规针对不同的主体规定了相应的法律责任。

一、卫生健康主管部门工作人员的法律责任

（一）违反《护士条例》的责任

卫生健康主管部门的工作人员未依照规定履行职责，在护士监督管理工作中滥用职权、徇私舞弊，或者有其他失职、渎职行为的，依法给予处分。构成犯罪的，依法追究刑事责任。

（二）违规办理注册手续的责任

卫生健康主管部门实施护士执业注册，有下列情形之一的，由其上级卫生健康主管部门或监察机关责令改正，对直接负责的主管人员或者其他直接责任人员依法给予行政处分：①对不符合护士执业注册条件者准予护士执业注册的；②对符合护士执业注册条件者不予护士执业注册的。

二、医疗卫生机构的法律责任

（一）不按规定配备和使用护士的责任

医疗卫生机构有下列情形之一的，由县级以上地方人民政府卫生健康主管部门依据职责分工责令限期改正，给予警告；逾期不改正的，根据国务院卫生健康主管部门规定的护士配备标准和在医疗卫生机构合法执业的护士数量核减其诊疗科目，或者暂停其 6 个月以上 1 年以下执业活动；国家举办的医疗卫生机构有下列情形之一、情节严重的，还应当对负有责任的主管人员和其他直接责任人员依法给予处分。

具体的情形有：①护士的配备数量低于国务院卫生健康主管部门规定的护士配备标准的；②允许未取得护士执业证书的人员或者允许未依照《护士条例》办理执业地点变更手续、延续执业注册有效期的护士在本机构从事诊疗技术规范规定的护理活动的。

（二）不按规定落实护士待遇的责任

医疗卫生机构有下列情形之一的，依照有关法律、行政法规的规定给予处罚；国家举办的医疗卫生机构有下列情形之一、情节严重的，还应当对负有责任的主管人员和其他直接责任人员依法给予处分。

具体的情形有：①未执行国家有关工资、福利待遇等规定的；②对在本机构从事护理工作的护士，未按照国家有关规定足额缴纳社会保险费用的；③未为护士提供卫生防护用品，或者未采取有效的卫生防护措施、医疗保健措施的；④对在艰苦边远地区工作，或者从事直接接触有毒有害物质、有感染传染病危险工作的护士，未按照国家有关规定给予津贴的。

（三）不按规定培训、管理护士的责任

医疗卫生机构有下列情形之一的，由县级以上地方人民政府卫生健康主管部门依据职责分工责令限期改正，给予警告：①未制定、实施本机构护士在职培训计划或者未保证护士接受培训的；②未履行护士管理职责的。

三、护士的法律责任

（一）不履行规定义务的责任

护士因不履行职责或者违反职业道德受到投诉的，其所在医疗卫生机构应当进行

调查。经查证属实的，医疗卫生机构应当对护士予以处理，并将调查处理情况告知投诉人。

护士在执业活动中有下列情形之一的，由县级以上地方人民政府卫生健康主管部门依据职责分工责令改正，给予警告；情节严重的，暂停其6个月以上1年以下执业活动，直至由原发证部门吊销其护士执业证书：①发现患者病情危急未立即通知医师的；②发现医嘱违反法律、法规、规章或者诊疗技术规范的规定，未依照有关规定提出或者报告的；③泄露患者隐私的；④发生自然灾害、公共卫生事件等严重威胁公众生命健康的突发事件，不服从安排参加医疗救护的。护士被吊销执业证书的，自执业证书被吊销之日起2年内不得申请执业注册。

（二）造成医疗事故的责任

护士在执业活动中造成医疗事故的，依照医疗事故处理的有关规定承担法律责任。

《中华人民共和国刑法》规定，由于严重不负责任，造成就诊人死亡或者严重损害就诊人身体健康的医务人员犯医疗事故罪，处3年以下有期徒刑或者拘役。尚不够刑事处罚的，依法给予行政处分或者纪律处分。卫生健康主管部门可以责令暂停6个月以上1年以下执业活动；情节严重的，吊销其执业证书。

（三）违规办理护士执业注册手续的责任

护士执业注册申请人隐瞒有关情况或者提供虚假材料申请护士执业注册的，卫生健康主管部门不予受理或者不予护士执业注册，并给予警告；已经注册的，应当撤销注册。

四、社会其他人员的法律责任

扰乱医疗秩序，阻碍护士依法开展执业活动，侮辱、威胁、殴打护士，或者有其他侵犯护士合法权益行为的，由公安机关依照《中华人民共和国治安管理处罚法》的规定给予处罚；构成犯罪的，依法追究刑事责任。

> **本章小结**
>
> 本章学习重点是护士执业注册、护士执业权利和义务的有关法律制度，以及护士在执业活动中因违反法律的规定所应承担的法律责任。学习难点为护士执业注册的相关法律法规。在学习过程中，学生要注意提升维护自身权利和履行法律义务、依法执业的意识和素养。

（苏育峰）

1. 护士执业资格考试报名需要什么条件?
2. 《护士条例》明确规定了护士执业有哪些权利与义务?
3. 护士在执业活动中因违反法律的规定所应承担的法律责任有哪些?

第三章 | 侵权责任及医疗事故处理法律制度

03章 数字资源

学习目标

1. 具有依法从业，预防医疗损害与医疗事故，维护医患双方合法权益的法律思维与法律意识。
2. 掌握医疗事故的概念及构成要件；医疗损害责任的归责原则及免责事由；医疗事故的分级及处理原则；医疗事故发生后处理；医疗事故技术鉴定机构及人员、鉴定过程。
3. 熟悉侵权责任的概念及构成要件；医疗损害责任的概念及构成要件；医疗事故的预防；医疗事故技术鉴定的启动；不属于医疗事故的情形。
4. 了解侵权责任的归责原则及免责事由；医疗事故技术鉴定费用；违反医疗事故处理法律规定的责任。
5. 学会运用法律知识评估、分析医疗损害与医疗事故。

2020 年 5 月 28 日，十三届全国人大三次会议表决通过了《中华人民共和国民法典》，自 2021 年 1 月 1 日起施行，包括《中华人民共和国侵权责任法》在内的多部法律同时废止。《中华人民共和国民法典》在中国特色社会主义法律体系中具有重要地位，对推进全面依法治国、加快建设社会主义法治国家、依法维护人民权益、推进国家治理体系和治理能力现代化都具有十分重要的意义。

第一节 概　　述

一、侵权责任的概念及构成要件

（一）侵权责任的概念

《中华人民共和国民法典》规定，侵权责任是指民事主体因实施侵权行为而应承担的民事法律后果。侵权行为基本上都是违法行为。侵权责任分为一般侵权责任和特殊侵权责任。

（二）侵权责任的构成要件

1. 一般侵权责任的构成要件　是指一般侵权责任所必须具备的条件，包括行为、过错、损害事实和因果关系四个构成要件，即同时具备这四个要件才构成侵权责任。

（1）违法行为：是指公民或者法人违反法定义务、违反法律禁止性规定而实施的作为或者不作为，包括侵害人身权的违法行为和侵害财产权的违法行为。医疗事故中的违法行为主要是侵害人身权的违法行为，即指公民或者法人违反法定义务，违反法律禁止性规定而实施的，以公民人身权为侵害客体的作为或者不作为。

一般侵权责任的构成一定以实施违法行为为前提。

（2）主观过错：是指违法行为人对自己的行为及其后果的一种心理状态，分为故意和过失两种状态。

主观过错（简称过错）是构成侵权责任的主观要件，违法行为人只有在实施侵权违法行为时存在主观过错，才构成一般侵权责任。

（3）损害事实：是指一定的行为致使权利主体财产权、人身权受到侵犯，并造成财产利益和非财产利益的减少或者灭失的客观事实。这里的损害，从广义上讲，包括财产上的损害和人身上的损害。

损害事实是构成一般侵权责任的首要条件，只有当行为人的违法行为造成损害事实，行为人才承担民事责任。

（4）因果关系：指违法行为与损害事实之间存在的引起和被引起的联系，即违法行为是原因，损害事实是结果，损害事实是由违法行为引起的。

只有违法行为与损害事实之间存在这种因果关系，才构成一般侵权责任。

2. 特殊侵权责任的构成要件　《中华人民共和国民法典》规定特殊侵权责任包括：①国家机关工作人员执行职务中的侵权责任；②产品缺陷致人损害责任；③高度危险作业的侵权责任；④危害环境的侵权责任；⑤施工引起的侵权责任；⑥建筑物等物件引起的侵权行为致人损害责任；⑦饲养的动物引起的侵权责任。

受害人追究加害人的特殊侵权责任，需要证明：①自己有损害；②加害人有加害行为；③损害与加害行为有因果关系。加害人要免除自己的责任，要根据法律的免责条款或证明自己没有过错。

二、医疗损害责任的概念及特征

（一）医疗损害责任的概念

医疗损害责任是指医疗机构及医务人员在医疗过程中因过失，或者在法律规定的情况下无论有无过失，造成患者人身损害或者其他损害，应当承担的以损害赔偿为主要方式的侵权责任。

（二）医疗损害责任的特征

医疗损害责任的特征主要有：①责任主体是医疗机构；②行为主体是医务人员，包括医师、护士等；③医疗损害责任发生在医疗活动中；④医疗损害责任主观要件为过失；⑤医疗损害责任基本形态是替代责任，即医疗机构在自己承担赔偿责任后，对有过失的医务人员才能行使追偿责任。

三、医疗事故的概念及构成要件

为了正确处理医疗事故，保护医患合法权益，维护医疗秩序，保障医疗安全，促进医学科学的发展，2002 年 4 月国务院发布了《医疗事故处理条例》，自 2002 年 9 月 1 日起施行。

（一）概念

医疗事故是指医疗机构及其医务人员在医疗活动中，违反医疗卫生管理法律、行政法规、部门规章和诊疗护理规范、常规，过失造成患者人身损害的事故。

（二）构成要件

1. 在医疗活动中发生　医疗事故是医疗机构及其医务人员在履行职责的过程中，由于过失违反法律规定的行为，造成患者人身损害的结果。

2. 主体是医疗机构及其医务人员　医疗机构是指取得《医疗机构执业许可证》的机构。医务人员是指经卫生健康主管部门审核认可，依法取得相应资格或执业证书的各级各类卫生技术人员，例如医师、药剂师、护士等，且在医疗机构执业。

3. 主观过失　医疗机构及其医务人员在医疗活动中，所造成的人身损害是过失而不是故意。造成过失的原因有疏忽大意、过于自信或因技术水平、经验不足等。

4. 造成患者人身损害　医疗机构及其医务人员在医疗活动中侵害患者身体与健康，对患者的生命权、健康权等权利造成损害。这种损害既包括物质性损害，又包括精神性损害；既包括人格权损害，又包括身份权损害。

5. 有符合规定的损害程度　医疗活动对患者造成的危害程度，是指必须符合法律规定的给患者造成死亡、重度残疾，造成患者中度残疾、轻度残疾，以及造成患者明显人身损害的其他后果。达不到此法定标准，不认定为医疗事故。

6. 存在因果关系　损害事实与医疗过失行为有关联，损害事实是由于医疗过失行为所致，存在因果关系。

医疗事故必须同时具有以上六个条件，缺一不可。存在医疗过失行为，但未给患者造成损害后果的，不应该被视为医疗事故；存在损害后果，不存在医疗过失行为的，也不能判定为医疗事故；存在医疗过失行为，也存在损害后果，但二者之间没有因果关系的，也不构成医疗事故。

第二节　归责原则和免责事由

工作情景与任务

情景导入：

　　王某因车祸被送到某医院救治。CT扫描显示患者颅内出血并伴有全身多处骨折。半小时后患者被紧急送往手术室，在全身麻醉后行开颅手术，止血、降颅压。术后15分钟，患者突然出现烦躁不安，继而出现呕吐、面部发绀、呼吸困难，立即行气管切开术，但这时患者血压骤降，经抢救无效死亡。尸检发现患者颅内出血，胃内容为当日午饭食物，系饱腹状态，支气管末端弥散胃内容物。

请思考：

　　该医院应不应该承担责任？为什么？

一、侵权责任的归责原则及免责事由

（一）归责原则

　　侵权责任的归责原则即侵权行为的归责原则，是指行为人的行为致人损害时，根据何种标准和原则确定行为人的侵权责任。侵权行为的归责原则是侵权行为的核心，决定着侵权行为的分类、侵权责任的构成要件、举证责任的负担、免责事由等重要内容。它既是认定侵权构成、处理侵权纠纷的基本依据，也是指导侵权损害赔偿的基本准则。我国侵权行为的归责原则主要包括过错责任原则、无过错责任原则与公平责任原则。

　　1. 过错责任原则　是指当事人的主观过错是构成侵权行为的必备要件的归责原则。即有过错才构成侵权，承担侵权责任，无过错即无责任。医疗事故处理就是实行过错责任的归责原则。

　　2. 无过错责任原则　是指当事人实施了加害行为，虽然其主观上无过错，但根据法律规定仍应承担责任的归责原则。例如污染环境致人损害的行为。

　　3. 公平责任原则　是指损害双方的当事人对损害结果的发生都没有过错，但如果受害人的损失得不到补偿又显失公平，由人民法院根据具体情况和公平的观念，要求当事人分担损害后果。公平责任原则的适用要注意的问题：①当事人既无过错，又不能推定其过错的存在，同时也不存在法定的承担无过错责任的情况；②当事人如何分担责任，由法官根据损害事实与各方当事人的经济能力等具体情况进行综合衡量裁定，力求公平。

（二）免责事由

　　免责事由又称免责条件，侵权责任免责事由是指被告针对原告的诉讼请求而提出的证明原告诉求不成立或不完全成立的事实。减轻或免除责任的事由：①被侵权人对损害的发生也有过错的，可以减轻侵权人的责任。②损害是因受害人故意造成的，行为人不承担责任。③损害是因第三人造成的，第三人应当承担侵权责任。④因不可抗力造成他人损害的，不承担责任。法律另有规定的，依照法律规定。⑤因正当防卫造成损害的，不承担责任。正当防卫超过必要的限度，造成不应有的损害的，正当防卫人应当承担适当的责任。⑥因紧急避险造成损害的，由引起险情发生的人承担责任。如果危险是由自然原因引起的，紧急避险人不承担责任或者给予适当补偿。紧急避险采取措施不当或者超过必要的限度，造成不应有的损害的，紧急避险人应当承担适当的责任。

二、医疗损害责任的归责原则及免责事由

（一）归责原则

《中华人民共和国民法典》规定，如果患者在治疗中受到损害，医疗机构或者其医务人员有过错的，由医疗机构承担赔偿责任。

医疗损害责任是一般侵权责任，适用过错责任原则的有关规定。

医疗损害责任的归责类型：①医务人员未尽到说明义务和患者知情同意权的相关义务；②医务人员未尽到与当时的医疗水平相应的诊疗义务；③医务人员违反法律、行政法规、规章以及有关诊疗规范、常规的规定；④医务人员隐匿或者拒绝提供与纠纷有关的病历资料；⑤医务人员遗失、伪造、篡改或者违法销毁病历资料；⑥医务人员泄露患者的隐私和个人信息，或者未经患者同意公开其病历资料。

（二）免责事由

患者有损害，且有下列情形之一的，医疗机构不承担赔偿责任：①患者或者其近亲属不配合医疗机构进行符合诊疗规范的诊疗；②医务人员在抢救生命垂危的患者等紧急情况下已经尽到合理诊疗义务；③限于当时的医疗水平难以诊疗。其中，第一项情形中，医疗机构或者其医务人员也有过错的，应当承担相应的赔偿责任。

三、不属于医疗事故的情形

《医疗事故处理条例》规定，不属于医疗事故情形的有：①紧急情况下为抢救垂危患者生命采取紧急医学措施造成不良后果的；②在医疗活动中由于患者病情异常或者患者体质特殊而发生医疗意外的；③在现有医学科学技术条件下，发生无法预料或者不能防范的不良后果的；④无过错输血感染造成不良后果的；⑤因患方原因延误诊疗导致不良后果的；⑥因不可抗力造成不良后果的。

第三节　医疗事故分级及处理原则

一、医疗事故的分级

合理的医疗事故分级是公正、公平处理医疗事故的关键。《医疗事故处理条例》规定，依据对患者人身造成的损害程度，将医疗事故分为四级。根据《医疗事故分级标准（试行）》规定，一级乙等医疗事故至三级戊等医疗事故对应伤残等级一至十级。

（一）一级医疗事故

一级医疗事故是指造成患者死亡、重度残疾的医疗事故，具体分为两等：①一级甲等医疗事故是指造成患者死亡；②一级乙等医疗事故是指重要器官缺失或功能完全丧失，其他器官不能代偿，存在特殊医疗依赖，生活完全不能自理。

（二）二级医疗事故

二级医疗事故是指造成患者中度残疾、器官组织损伤导致严重功能障碍的医疗事故，具体分为甲、乙、丙、丁四等。

（三）三级医疗事故

三级医疗事故是指造成患者轻度残疾、器官组织损伤导致一般功能障碍的医疗事故，具体分为甲、乙、丙、丁、戊五等。

（四）四级医疗事故

四级医疗事故是指造成患者明显人身损害的其他后果的医疗事故。

二、医疗事故的处理原则

处理医疗事故应当遵循公开、公平、公正、及时、便民的原则，坚持实事求是的科学态度，做到事实清楚、定性准确、责任明确、处理恰当。

（一）公开、公平、公正

医患双方从法律角度来讲，其关系是平等的民事法律关系，医患双方应当处于平等的地位。公开是指程序公开、证据内容公开、适用法律公开等。公平首先体现在医患双方在处理医疗事故中的地位平等，任何一方没有额外的特权；医患双方在处理医疗事故中的权利、义务统一。公正是指适用法律上的公正和认定事实上的公正。在处理医疗事故争议时，必须按照法律法规的规定搜集证据，并在证据的基础上适用法律法规规定的相应条款。只有如此，才能保证公平、公正、公开。

（二）及时、便民、实事求是

有关部门在处理医疗事故和医疗事故争议时要及时，开展有关工作必须在法律规定的时限内完成，不能拖延；在服务上、处理途径上都要以方便患者为前提，做到便民；要坚持实事求是的科学态度,做到事实清楚、定性准确、责任明确、处理恰当,正确区分是医疗风险还是医疗过失、是医务人员的责任还是药物及医疗器械的质量责任、医疗行为在损害后果中所占的责任比例及承担的责任程度等。

第四节　医疗事故的预防与处理

一、医疗事故的预防

医疗事故的预防是指采取各种可行的方式及方法预防医疗事故的发生。

（一）建立健全规章制度

医疗机构应当建立健全各项医疗规章制度,尤其是首诊负责制、急诊抢救制度、值班交接班制度、查对制度、死亡和疑难病例讨论制度、会诊制度、三级查房制度等。重视病历书写质量,遵守病历保管规定,规范填写患者知情同意书等。

（二）遵守规范

1. 遵守法律规范、道德规范和技术规范　医疗机构及其医务人员在医疗活动中,必须严格遵守医疗卫生管理法律、行政法规、部门规章和诊疗护理规范、常规,恪守医疗服务职业道德。医疗机构应当对其医务人员进行医疗卫生管理法律、行政法规、部门规章和诊疗护理规范、常规的培训和医疗服务职业道德教育。

2. 履行告知义务　在诊疗过程中,患者对其疾病以及疾病的诊断、治疗具有知情同意权。医疗机构和医务人员应承担告知的义务。医疗机构及其医务人员应当将患者的病情、医疗措施、医疗风险等如实告知患者,及时解答患者的咨询;但是应当避免对患者产生不利后果。

（三）加强管理

1. 监督管理　医疗机构应当设置医疗服务质量监控部门或者配备专(兼)职人员,具体负责监督本医疗机构医务人员的医疗服务工作,检查医务人员执业情况,接受患者对医疗服务的投诉,为患者提供咨询服务。

2. 病案资料管理　医疗机构应当按照国务院卫生健康主管部门规定的要求,书写并妥善保管病历资料。因抢救急危患者,未能及时书写病历的,有关医务人员应当在抢救结束后 6 小时内据实补记,并加以注明。严禁涂改、伪造、隐匿、销毁或者抢夺病历资料。

患者有权复印或者复制其门诊病历、住院志、体温单、医嘱单、化验单(检验报告)、医学影像检查资料、特殊检查同意书、手术同意书、手术及麻醉记录单、病理资料、护理记录以及国务院卫生健康主管部门规定的其他病历资料。

患者依照上述规定要求复印或者复制病历资料的,医疗机构应当提供复印或者复制服务,并在复印或者复制的病历资料上加盖证明印记。复印或者复制病历资料时,应当有患者在场。医疗机构应患者的要求，为其复印或者复制病历资料，可以按照规定收取工本费。

3. 制订预案　医疗机构应当制订防范、处理医疗事故的预案，预防医疗事故的发生，减轻医疗事故的损害。

二、医疗事故发生后的处置

医疗事故发生或发现后，医疗机构及其医务人员应及时按照法律规定的程序启动医疗事故处理预案，对医疗事故进行处置。

（一）立即补救

发生或发现医疗过失行为，医疗机构及其医务人员应当立即采取有效措施，避免或者减轻对患者身体健康的损害，防止损害扩大。

（二）及时报告

当发生或者发现医疗事故、可能引起医疗事故的医疗过失行为或者发生医疗事故争议时，医务人员应立即向所在科室负责人报告，科室负责人应及时向医疗服务质量监控部门或专（兼）职人员报告。负责医疗服务质量监控的部门或者专（兼）职人员接到报告后，应当立即进行调查、核实，将有关情况如实向本医疗机构的负责人报告，并向患者通报、解释。

如发生下列重大医疗过失行为的，医疗机构应当在 12 小时内向所在地卫生健康主管部门报告：①导致患者死亡或者可能为二级以上的医疗事故；②导致 3 人以上人身损害后果；③国务院卫生健康主管部门和省、自治区、直辖市人民政府卫生健康主管部门规定的其他情形。

（三）证据的保存和处理

1. 病例资料的封存处理　发生医疗事故争议时，死亡病例讨论记录、疑难病例讨论记录、上级医师查房记录、会诊意见、病程记录应当在医患双方在场的情况下封存和启封。封存的病历资料可以是复印件，由医疗机构保管。

2. 现场实物的封存与检验　疑似输液、输血、注射、药物等引起不良后果的，医患双方应当共同对现场实物进行封存和启封，封存的现场实物由医疗机构保管。疑似输血引起不良后果，需要对血液进行封存保留的，医疗机构应当通知提供该血液的采供血机构派员到场。需要检验的，应当由双方共同指定的、依法具有检验资格的检验机构进行检验。双方无法共同指定时，由卫生健康主管部门指定。

（四）尸体的保存处理

患者在医疗机构内死亡的，尸体应当立即移放太平间。死者尸体存放时间一般不得超过 2 周。逾期不处理的尸体，经医疗机构所在地卫生健康主管部门批准，并报经同级公安部门备案后，由医疗机构按照规定进行处理。

医患双方当事人不能确定死因或者对死因有异议的，应当在患者死亡后48小时内进行尸检。具备尸体冻存条件的，可以延长至7日。尸检应当经死者近亲属同意并签字。

尸检应当由按照国家有关规定取得相应资格的机构和病理解剖专业技术人员进行。承担尸检任务的机构和病理解剖专业技术人员有进行尸检的义务。医疗事故争议双方当事人可以请法医病理学人员参加尸检，也可以委派代表观察尸检过程。

三、医疗事故的处理

（一）医疗事故的行政处理

1. 责令采取必要医疗救治措施　卫生健康主管部门接到医疗机构关于重大医疗过失行为的报告后，责令医疗机构及时采取必要的医疗救治措施，防止损害后果扩大。

2. 组织调查　卫生健康主管部门接到医疗机构关于重大医疗过失行为的报告后，应当组织调查，判定是否属于医疗事故，对不能判定是否属于医疗事故的，应当依照《医疗事故处理条例》的有关规定交由负责医疗事故技术鉴定工作的医学会组织鉴定。

3. 做出行政处理　卫生健康主管部门应当依照《医疗事故处理条例》和有关法律、行政法规、部门规章的规定，对发生医疗事故的医疗机构和医务人员做出行政处理，包括吊销其执业证书或者资格证书、对负有责任的主管人员和其他直接责任人员依法给予行政处分或者纪律处分等。

（二）医疗事故争议的解决途径

我国医疗事故争议的解决途径主要有医疗事故争议的非诉讼解决和医疗事故争议的诉讼解决。

1. 医疗事故争议的非诉讼解决　是指医患双方在自愿原则的基础上，互谅互让、共同协商解决的方式。非诉讼解决途径主要有双方协商解决和行政调解两种。

（1）双方协商解决：指医患双方本着自愿原则，自行协商达成协议，解决医疗事故争议。医患双方在自愿达成协议后，制作协议书。协议书应当载明双方当事人的基本情况和医疗事故的原因、双方当事人共同认定的医疗事故等级，协商确定的赔偿数额，协议结果的执行情况等，并由双方当事人在协议书上签名。

（2）行政调解：如果医疗事故双方当事人不愿意协商或协商不成，当事人可以向卫生健康主管部门提出调解申请，由卫生健康主管部门主持调解。调解时，应当遵循当事人双方自愿原则，依据《医疗事故处理条例》的规定计算赔偿数额。经调解，双方当事人就赔偿数额达成协议的，制作调解书，双方当事人应当履行；调解不成或者经调解达成协议后一方反悔的，卫生健康主管部门不再调解。

2. 医疗事故争议的诉讼解决　指医患双方当事人依法通过人民法院来解决争议的方式，这是处理医疗事故争议的最终解决途径。

（1）人民法院调解：指医患双方在人民法院主持下争议双方平等协商，就双方争议的问题达成协议。如果调解成功，人民法院将制作并下达调解书给双方当事人，结束民事诉讼活动。双方当事人签字，调解书即生效。当事人一方不执行调解书，另一方当事人可以向人民法院申请强制执行。

（2）民事诉讼：指人民法院通过司法程序进行审理、裁决、解决医疗事故争议。判决书生效时间按照我国实行"两审终审制"原则，当事人对一审结论不服时，可以在15天内依法提起上诉，同时一审判决书失去法律效力。二审判决书下达后无论当事人是否接受，判决生效。

（三）医疗事故的赔偿

已确定为医疗事故的，患者有权要求医疗机构给予赔偿，医疗机构也应当做出相应的赔偿。

1. 确定赔偿数额考虑因素　医疗事故赔偿，应当考虑下列因素，确定具体赔偿数额：①医疗事故等级；②医疗过失行为在医疗事故损害后果中的责任程度；③医疗事故损害后果与患者原有疾病状况之间的关系。

2. 赔偿项目　医疗事故赔偿的项目有医疗费、误工费、住院伙食补助费、陪护费、残疾生活补助费、残疾用具费、丧葬费、被扶养人生活费、交通费、住宿费、精神损害抚慰金等。

3. 支付赔偿费用　医疗事故赔偿费用实行一次性结算，由承担医疗事故责任的医疗机构支付。

第五节　医疗事故技术鉴定

工作情景与任务

情景导入：

宋某，69岁，因右腿骨折到某医院进行手术。骨折手术虽然很成功，但宋某在术中意外出现昏迷现象。经院方检查抢救，确诊宋某是在术中突发急性脑梗死，并继发偏瘫。宋某的家属与医院因此发生了纷争，拒绝支付医疗费用，并单方面向当地医疗事故技术鉴定委员会提出了鉴定申请。

请思考：

1. 当地医疗事故鉴定委员会是否受理鉴定申请？为什么？

2. 医疗事故的鉴定程序包括哪些？

医疗事故技术鉴定是对发生的医疗事件，通过调查研究，收取物证（包括尸检结果），查阅书证（病历等病案资料），听取证人证言，当事人、受害人或其家属陈述，分析原因，依据法定标准，判定事件性质，作出是否属于医疗事故及何类、何级、何等事故的科学鉴定结论的过程。医疗事故技术鉴定可作为医患双方协商解决医疗纠纷的依据，是卫生健康主管部门处理医疗纠纷案件的法定依据，是卫生健康主管部门作出行政处罚的法定依据，是诉讼中的证据。

一、医疗事故技术鉴定机构及人员

（一）鉴定机构

医学会是负责组织医疗事故技术鉴定工作的机构。医学会是依照有关规定，经县级以上人民政府民政部门审查同意成立的非营利性的医学社会组织。从事医疗事故技术鉴定工作的医学会分为四级：①设区的市级医学会；②省、自治区、直辖市直接管辖的县（市）地方医学会；③省、自治区、直辖市医学会；④中华医学会。

各级医学会进行医疗事故技术鉴定的分工：①设区的市级医学会和省、自治区、直辖市直接管辖的县（市）地方医学会负责首次医疗事故技术鉴定工作；②省、自治区、直辖市医学会负责组织再次鉴定工作；③中华医学会可以组织疑难、复杂并在全国有重大影响的医疗事故争议的技术鉴定工作。

（二）鉴定人员

1. 建立专家库　医学会应当建立专家库，按照相关规定聘请符合条件的医疗卫生专业技术人员和法医进入专家库，并承担医疗事故技术鉴定工作。

2. 专家鉴定组的组成　医疗事故技术鉴定以医学会组织专家鉴定组的方式进行，专家鉴定组是医疗事故技术鉴定工作的主体。其人数及组成要符合相关的规定。

（1）专业、人数要求：①医学会应当根据医疗事故争议所涉及的学科专业，确定专家鉴定组的构成和人数；②专家鉴定组组成人数应为3人以上单数；③医疗事故争议涉及多学科专业的，其中主要学科专业的专家不得少于专家鉴定组成员的二分之一；④涉及死因、伤残等级鉴定的，应当从专家库中随机抽取法医参加专家鉴定组。

（2）随机抽取专家：①医学会应当提前通知双方当事人，在指定时间、指定地点，从专家库相关学科专业组中随机抽取专家鉴定组成员；②医学会主持双方当事人抽取专家鉴定组成员前，应当将专家库相关学科专业组中专家姓名、专业、技术职务、工作单位告知双方当事人。

（3）回避制度：专家鉴定组成员有下列情形之一的，应当回避，当事人也可以以口头或者书面的方式申请其回避：①是医疗事故争议当事人或者当事人的近亲属的；②与医疗事故争议有利害关系的；③与医疗事故争议当事人有其他关系，可能影响公正鉴定的。

二、医疗事故技术鉴定程序的启动

（一）医患双方共同委托鉴定

医患双方协商解决医疗事故争议，需进行医疗事故技术鉴定的，应共同书面委托医疗机构所在地负责首次医疗事故技术鉴定工作的医学会进行医疗事故技术鉴定。涉及多个医疗机构的，应当由涉及的所有医疗机构与患者共同委托其中任何一所医疗机构所在地负责组织首次医疗事故技术鉴定工作的医学会进行医疗事故技术鉴定。

（二）卫生健康主管部门委托鉴定

县级以上地方人民政府卫生健康主管部门接到医疗机构关于重大医疗过失行为的报告或者医疗事故争议当事人要求处理医疗事故争议的申请后，对需要进行医疗事故技术鉴定的，应当书面移交负责首次医疗事故技术鉴定工作的医学会组织鉴定。

三、医疗事故技术鉴定过程

（一）通知双方当事人

医学会应当自受理医疗事故技术鉴定之日起 5 日内通知医疗事故争议双方当事人提交进行医疗事故技术鉴定所需的材料，应当在医疗事故技术鉴定 7 日前，将鉴定的时间、地点、要求等书面通知双方当事人。双方当事人应当按照通知的时间、地点、要求参加鉴定。

（二）当事人提交材料

当事人应当自收到医学会的通知之日起 10 日内提交有关医疗事故技术鉴定的材料、书面陈述及答辩。双方当事人应当按照规定如实提交进行医疗事故技术鉴定所需要的材料，并积极配合调查。当事人任何一方不予配合，影响医疗事故技术鉴定的，由不予配合的一方承担责任。

医疗机构提交的有关医疗事故技术鉴定的材料应当包括：①住院患者的病程记录、死亡病例讨论记录、疑难病例讨论记录、会诊意见、上级医师查房记录等病历资料原件；②住院患者的住院志、体温单、医嘱单、化验单（检验报告）、医学影像检查资料、特殊检查同意书、手术同意书、手术及麻醉记录单、病理资料、护理记录等病历资料原件；③抢救急危患者，在规定时间内补记的病历资料原件；④封存保留的输液、注射用物品和血液、药物等实物，或者依法具有检验资格的检验机构对这些物品、实物作出的检验报告；⑤与医疗事故技术鉴定有关的其他材料。

在医疗机构建有病历档案的门诊、急诊患者，其病历资料由医疗机构提供；没有在医疗机构建立病历档案的，由患者提供。医疗机构无正当理由未依照《医疗事故处理条例》的规定如实提供相关材料，导致医疗事故技术鉴定不能进行的，应当承担责任。

（三）组成鉴定专家组

医学会应当按《医疗事故处理条例》和《医疗事故技术鉴定暂行办法》的方法与要求，组建医疗事故技术鉴定专家组，在医疗事故技术鉴定 7 日前书面通知专家鉴定组成员。

（四）组织鉴定

组织鉴定可以分为两步：①第一步是调查取证。医学会可以向双方当事人和其他相关组织、个人进行调查取证，进行调查取证时不得少于 2 人。调查取证结束后，调查人员和调查对象应当在有关文书上签字。如调查对象拒绝签字的，应当记录在案。②第二步是专家组鉴定。鉴定由专家鉴定组组长主持，专家鉴定组组长可以由专家鉴定组成员推选产生，也可以由医疗事故争议所涉及的主要学科专家中具有最高专业技术职务任职资格的专家担任。

（五）出具医疗事故技术鉴定书

医学会应当自接到双方当事人提交的有关医疗事故技术鉴定的材料、书面陈述及答辩之日起 45 日内组织鉴定并出具医疗事故技术鉴定书。

医疗事故技术鉴定书应当包括下列主要内容：①双方当事人的基本情况及要求；②当事人提交的材料和医学会的调查材料；③对鉴定过程的说明；④医疗行为是否违反医疗卫生管理法律、行政法规、部门规章和诊疗护理规范、常规；⑤医疗过失行为与人身损害后果之间是否存在因果关系；⑥医疗过失行为在医疗事故损害后果中的责任程度；⑦医疗事故等级；⑧对医疗事故患者的医疗护理医学建议。

经鉴定为医疗事故的，鉴定结论应当包括上款④至⑧项内容；经鉴定不属于医疗事故的，应当在鉴定结论中说明理由。

医疗事故技术鉴定书应当根据鉴定结论做出，其文稿由专家鉴定组组长签发。医疗事故技术鉴定书盖医学会医疗事故技术鉴定专用印章。

（六）再次鉴定

任何一方当事人对首次医疗事故技术鉴定结论不服的，可以自收到首次医疗事故技术鉴定书之日起 15 日内，向原受理医疗事故争议处理申请的卫生健康主管部门提出再次鉴定的申请，或由双方当事人共同委托省、自治区、直辖市医学会组织再次鉴定。

四、医疗事故技术鉴定费用

医疗事故技术鉴定可以收取费用，鉴定费用标准由省、自治区、直辖市人民政府价格主管部门会同同级财政部门、卫生健康主管部门规定。

（一）确定支付方

委托医学会进行医疗事故技术鉴定，应当按规定缴纳鉴定费，并按照下列情形确定支付方：①双方当事人共同委托医疗事故技术鉴定的，由双方当事人协商预先缴纳鉴定费。②卫生健康主管部门移交进行医疗事故技术鉴定的，由提出医疗事故争议处理的当事人预先缴纳鉴定费。经鉴定属于医疗事故的,鉴定费由医疗机构支付;经鉴定不属于医疗事故的,鉴定费由提出医疗事故争议处理申请的当事人支付。③卫生健康主管部门接到医疗机构关于重大医疗过失行为的报告后,对需要移交医学会进行医疗事故技术鉴定的,鉴定费由医疗机构支付。

（二）重新鉴定不得收取鉴定费

医学会对经卫生健康主管部门审核认为参加鉴定的人员资格和专业类别或者鉴定程序不符合规定,需要重新鉴定的,应当重新组织鉴定。重新鉴定时不得收取鉴定费。

第六节　法律责任

医疗事故的法律责任是指卫生健康主管部门及其人员、医疗机构及其人员和其他社会组织及其人员因违反医疗事故处理法律规定的义务而应当承担的法定的后果,主要有行政责任、民事责任和刑事责任。

一、行政责任

（一）卫生健康主管部门的行政责任

卫生健康主管部门违反规定,接到医疗机构关于重大医疗过失行为的报告后,未及时组织调查的、未及时审查或移交事故争议处理申请的、未及时移交医学会进行医疗事故技术鉴定或审核鉴定书的、未及时将医疗事故处理上报的,由上级卫生健康主管部门给予警告并责令限期改正;情节严重的,对负有责任的卫生健康主管部门的工作人员给予行政处分。

（二）医疗机构的行政责任

医疗机构违反《医疗事故处理条例》的规定,有下列情形之一的,由卫生行政部门责令改正;情节严重的,对负有责任的主管人员和其他直接责任人员依法给予行政处分或者纪律处分:①未如实告知患者病情、医疗措施和医疗风险的;②没有正当理由,拒绝为患者提供复印或者复制病历资料服务的;③未按照国务院卫生健康主管部门规定的要求书写和妥善保管病历资料的;④未按照《医疗事故处理条例》的规定封存、保管和启封病历资料和实物的;⑤未设置医疗服务质量监控部门或者配备专(兼)职人员的;⑥未制定有关医疗事故防范和处理预案的;⑦未在规定时间内向卫生健康主管部门报告重大医疗过失行为的;⑧未按照规定进行尸检和保存、处理尸体的。

（三）医疗事故技术鉴定工作人员的行政责任

接受申请鉴定双方或者一方当事人的财物或者其他利益,出具虚假医疗事故技术鉴定书,尚不构成刑事处罚的,由原发证部门吊销其执业证书或者资格证书。

二、民 事 责 任

民事责任是指前述的"医疗事故的赔偿"部分。承担责任的主体是医疗机构。

违反医疗事故处理法律规定的民事责任是指卫生健康主管部门及其人员、医疗机构及其人员因违反医疗事故处理法律规定,侵害患者及其他当事人的民事权益而应当承担的法定后果,主要是因发生医疗事故,造成医疗损害,医疗机构承担的赔偿责任。

三、刑 事 责 任

（一）卫生健康主管部门人员的刑事责任

卫生健康主管部门的工作人员在处理医疗事故过程中违反规定,利用职务上的便利收受他人财物或者其他利益,滥用职权,玩忽职守,或者发现违法行为不予查处,造成严重后果的,依照《中华人民共和国刑法》关于受贿罪、滥用职权罪、玩忽职守罪或者其他有关罪的规定,依法追究刑事责任。

（二）医务人员及参与技术鉴定人员的刑事责任

1. 医疗事故罪　医疗机构发生医疗事故,对负有责任的医务人员依照《中华人民共和国刑法》关于医疗事故罪的规定,依法追究刑事责任。

2. 受贿罪　接受申请鉴定双方或者一方当事人的财物或者其他利益,出具虚假医疗事故技术鉴定书,造成严重后果的,依照《中华人民共和国刑法》关于受贿罪的规定,依法追究刑事责任。

（三）其他组织及个人的刑事责任

以医疗事故为由,寻衅滋事、抢夺病历资料、扰乱医疗机构正常医疗秩序和医疗事故技术鉴定工作的,依照《中华人民共和国刑法》关于扰乱社会秩序罪的规定,依法追究刑事责任。

> **本章小结**　本章学习重点是侵权责任的构成及承担方式,医疗事故的特征及构成要件,医疗事故的分级,不属于医疗事故的情形,医疗事故的法律责任。学习难点为医疗损害责任的归责类型,医疗事故的技术鉴定,医疗事故的解决途径。学习过程中要注重法治思维的培养,增强维护医患双方合法权益的法律意识。

（王冬桂）

1. 什么是医疗损害？医疗损害责任的归责原则是什么？
2. 医疗事故的特征即构成要件有哪些？
3. 如何预防医疗事故的发生？

第四章 | 传染病防治法律制度

学习目标

1. 具有较强的法律意识，自觉遵守传染病防治法律法规。
2. 掌握法定管理的传染病病种；传染病的控制、医疗救治；传染病疫情报告、通报和公布；艾滋病病人的权利和义务；艾滋病的预防与控制。
3. 熟悉传染病防治的方针和原则；传染病的预防；艾滋病防治原则；艾滋病的救助与治疗。
4. 了解传染病防治法律制度建设；传染病防治法的适用范围；传染病防治监督；违反传染病防治法律的责任。
5. 学会运用法律知识，进行传染病的防控宣传与教育。

传染病是由病原性细菌、病毒、立克次体和原虫等引起的，能在人与人、动物与动物或人与动物之间互相传播的一类疾病。传染病具有传染性、流行性和反复性等特点，因而发病率高，对人类健康造成较大的危害，给经济、社会发展带来严重影响。

第一节 概　　述

工作情景与任务

情景导入：

陈某在《中华人民共和国传染病防治法》普法讲座中讲到："传染性非典型肺炎属于法定管理的乙类传染病"。

请思考：

1. 陈某所讲的观点是否正确？为什么？
2. 法定管理的乙类传染病有哪些？

一、传染病防治法律制度建设

（一）传染病防治法的概念

传染病防治法是指调整预防、控制和消除传染病的发生与流行、保障人体健康和公共卫生活动中所产生的各种社会关系的法律规范的总和。

（二）传染病防治法律制度建设

1950 年 10 月，中央人民政府政务院颁布了《关于发动秋季种痘运动的指示》，卫生部颁布了《种痘暂行办法》。1955 年 7 月，经国务院批准，卫生部发布了《传染病管理办法》，并于 1956 年和 1957 年先后加以补充。1978 年 9 月 20 日，经国务院批准，卫生部发布了《中华人民共和国急性传染病管理条例》。

1989 年 2 月 21 日，七届全国人大常委会第六次会议通过了《中华人民共和国传染病防治法》，十届全国人大常委会第十一次会议于 2004 年 8 月 28 日、十二届全国人大常委会第三次会议于 2013 年 6 月 29 日对《中华人民共和国传染病防治法》进行了两次修订。2020 年 10 月 2 日，国家卫生健康委员会网站发布通知，正式公开征求《< 中华人民共和国传染病防治法 >(修订草案征求意见稿)》意见。

1991 年 12 月 6 日，卫生部令第 17 号发布施行了《中华人民共和国传染病防治法实施办法》。

目前，我国已形成了以《中华人民共和国传染病防治法》和《中华人民共和国传染病防治法实施办法》为核心的传染病防治法律体系，为我国的传染病防治工作提供了法治保障。

二、传染病防治目的、方针和原则

（一）传染病防治目的

传染病防治目的是预防、控制和消除传染病的发生与流行，保障人体健康和公共卫生。其中强调疾病发生前的预防措施、疾病发生后的控制措施、通过努力最终达到消除传染病的目标。

（二）传染病防治的工作方针和原则

国家对传染病实行预防为主的方针，坚持防治结合、分类管理、依靠科学、依靠群众的原则。

1. 预防为主　坚持把预防作为传染病防控的首要环节。我国近年来对儿童实行的预防接种制度，大幅度降低了乙型肝炎、麻疹、病毒性脑炎、新生儿破伤风等传染病感染率，证明预防为主是防控传染病的有效措施。

2. 防治结合　在坚持预防为主方针的前提下，将预防措施和治疗措施结合起来，既可以保护患者生命健康，又可以加强对传染源的有效管理，起到良好的预防效果。近年来，我国对结核病、艾滋病等传染性疾病实行多项免费医疗或免费提供抗病毒药物，对于改善患者生存质量起到了良好的效果。

3. 分类管理　依据传染病的传播程度、社会危害等，将传染病分为不同种类，采取不同的预防、控制措施。将传染病科学分类，按类管理，有效防控传染病。

4. 依靠科学　尊重传染病的防控规律，以科学的态度和方法应对传染病。传染病的发生、传播、流行与控制等都是有一定规律的，现代医学已经对绝大多数传染病的规律有了认识，并通过科学的防控，达到传染病的可防可治。

5. 依靠群众　在传染病的防控方面要有人民群众的支持和配合。传染病的暴发、流行和传播都有群体性特点，因此任何传染病的防控都离不开人民群众的配合。

三、传染病防治法的适用范围

中华人民共和国领域内的一切单位和个人必须依照《中华人民共和国传染病防治法》有关规定，接受疾病预防控制机构、医疗机构有关传染病的调查、检验、采集样本、隔离治疗等预防、控制措施，如实提供有关情况。疾病预防控制机构、医疗机构不得泄露涉及个人隐私的有关信息、资料。卫生健康主管部门以及其他有关部门、疾病预防控制机构和医疗机构因违法实施行政管理或者预防、控制措施，侵犯单位和个人合法权益的，有关单位和个人可以依法申请行政复议或者提起诉讼。根据我国法律法规和国际惯例，所有驻中国的外国使（领）馆人员，必须遵守《中华人民共和国传染病防治法》的规定。

知识拓展

"一切单位和个人"的含义

"一切单位"既包括我国的一切机关、团体、企事业单位，也包括我国领域内的外国驻华机构、外资企业、中外合资企业、中外合作企业等。

"一切个人"既包括中国人，也包括在我国境内的外国国籍和无国籍等一切自然人。

中国境内任何人员都没有传染病防治方面的豁免权。

四、法定管理的传染病病种

《中华人民共和国传染病防治法》将全国发病率较高、流行面较大，危害较严重的传染病列为法定管理传染病，并根据其传播方式、速度及其对人类危害程度分为甲、乙、丙三类。

（一）甲类传染病
甲类传染病包括鼠疫、霍乱。

（二）乙类传染病
乙类传染病包括传染性非典型肺炎、艾滋病、病毒性肝炎、脊髓灰质炎、人感染高致病性禽流感、麻疹、流行性出血热、狂犬病、流行性乙型脑炎、登革热、炭疽、细菌性和阿米巴性痢疾、肺结核、伤寒和副伤寒、流行性脑脊髓膜炎、百日咳、白喉、新生儿破伤风、猩红热、布鲁氏菌病、淋病、梅毒、钩端螺旋体病、血吸虫病、疟疾。

（三）丙类传染病

丙类传染病包括流行性感冒、流行性腮腺炎、风疹、急性出血性结膜炎、麻风病、流行性和地方性斑疹伤寒、黑热病、包虫病、丝虫病，除霍乱、细菌性和阿米巴性痢疾、伤寒和副伤寒以外的感染性腹泻病。

对乙类传染病中传染性非典型肺炎、炭疽中的肺炭疽和人感染高致病性禽流感，采取甲类传染病的预防、控制措施。其他乙类传染病和突发原因不明的传染病需要采取甲类传染病的预防、控制措施的，由国务院卫生健康主管部门及时报经国务院批准后予以公布、实施。

省、自治区、直辖市人民政府对本行政区域内常见、多发的其他地方性传染病，可以根据情况，决定按照乙类或者丙类传染病管理并予以公布，报国务院卫生健康主管部门备案。

知识窗

国务院卫生健康主管部门对法定管理传染病给予调整

2008 年 5 月 2 日，相关部门印发了《卫生部关于将手足口病纳入法定传染病管理的通知》。根据《中华人民共和国传染病防治法》有关规定，为加强手足口病防治工作，经研究，决定将手足口病列入《中华人民共和国传染病防治法》规定的丙类传染病进行管理。

2013 年 10 月 28 日，国家卫生和计划生育委员会根据《中华人民共和国传染病防治法》相关规定，对部分法定传染病病种给予调整：①将人感染 H7N9 禽流感纳入法定乙类传染病；②将甲型 H1N1 流感从乙类传染病调整为丙类传染病，并纳入流行性感冒进行管理；③解除对人感染高致病性禽流感采取的甲类传染病预防、控制措施。

2020 年 1 月 20 日，国家卫生健康委员会发布 2020 年第 1 号公告：将新型冠状病毒感染的肺炎纳入法定传染病乙类管理，并采取甲类传染病的预防、控制措施。

2022 年 12 月 26 日，国家卫生健康委员会发布 2022 年第 7 号公告：①将新型冠状病毒肺炎更名为新型冠状病毒感染；②自 2023 年 1 月 8 日起，解除对新型冠状病毒感染采取的《中华人民共和国传染病防治法》规定的甲类传染病预防、控制措施。

第二节　传染病预防和控制

工作情景与任务

情景导入：

李某，被确诊为霍乱，拒绝隔离治疗。医院立即上报市疾病预防控制中心，市疾病预防控制中心马上派人劝其入院未果,随后请求公安机关协助。最终,公安人员强行将李某送至医院隔离治疗。

请思考:

1. 医院发现这名传染病病人后采取的措施是否正确?为什么?
2. 疾病预防控制中心请求公安部门协助,强制病人隔离治疗是否合适?为什么?

一、传染病的预防

(一)建立监测制度、预警制度

国家建立传染病监测制度、预警制度,对传染病的发生、流行以及影响其发生、流行的因素进行监测,对国外发生、国内尚未发生的传染病或者国内新发生的传染病进行监测,及时发出预警,根据情况予以公布。

(二)防止发生感染

国家建立传染病菌种、毒种库,建立健全严格的管理制度。疾病预防控制机构、医疗机构的实验室和从事病原微生物实验的单位,要严防传染病病原体的实验室感染和病原微生物的扩散。疾病预防控制机构、医疗机构使用血液和血液制品,防止因输入血液、使用血液制品引起经血液传播疾病的发生。医疗机构必须严格执行有关的管理制度、操作规范,防止传染病的医源性感染和医院感染。对被传染病病原体污染的污水、污物、场所和物品,进行严格消毒处理。与人畜共患传染病有关的野生动物、家畜家禽,经检疫合格后,方可出售、运输。

(三)实行预防接种制度

实行有计划的预防接种制度,对儿童实行预防接种证制度。中华人民共和国境内的任何人均应按照有关规定接受预防接种。适龄儿童应当按照国家有关规定接受预防接种。托幼机构、学校在办理入托、入学手续时,应当查验预防接种证,未按规定接种的儿童应当及时补种。

(四)开展健康教育

加强卫生健康教育,大力普及传染病防治知识,倡导文明健康的生活方式,提高公众对传染病的防治意识和应对能力,动员全体公民自觉与传染病作斗争。

(五)改善公共卫生状况

组织开展群众性卫生活动,开展除"四害"活动,消除各种传染病的传播媒介。建设和改造公共卫生设施,改善饮用水卫生条件。城市应当按照城市环境卫生设施标准修建公共厕所、垃圾粪便的无害化处理场和污水、雨水排放处理系统等公共卫生设施,对污水、污物、粪便进行无害化处置,防治污染。

(六)保护病人的权益和义务相统一

国家和社会应当关心、帮助传染病病人、病原携带者和疑似传染病病人,使其得到及时救治。任何单位和个人不得歧视传染病病人、病原携带者和疑似传染病病人。传染病病人、病原携带者和疑似传染病病人，在治愈前或者在排除传染病嫌疑前，不得从事法律、行政法规和国务院卫生健康主管部门规定禁止从事的易使该传染病扩散的工作。

二、传染病疫情的报告、通报和公布

（一）疫情报告

1. 疫情报告人　一般可分为一般报告人和责任报告人两类。

（1）一般报告人：任何单位和个人发现传染病病人或者疑似传染病病人时，应当及时向附近的疾病预防控制机构或者医疗机构报告。

（2）责任疫情报告人：疾病预防控制机构、医疗机构和采供血机构及其执行职务的人员为责任疫情报告人。

2. 疫情报告要求　责任报告人发现疫情要按照法定的原则和时限进行报告。

（1）属地管理原则：疾病预防控制机构、医疗机构和采供血机构及其执行职务的人员发现《中华人民共和国传染病防治法》规定的传染病疫情或者发现其他传染病暴发、流行以及突发原因不明的传染病时，应当遵循疫情报告属地管理原则，按照国务院规定的或者国务院卫生健康主管部门规定的内容、程序、方式和时限报告。

疾病预防控制机构应当主动收集、分析、调查、核实传染病疫情信息。接到甲类、乙类传染病疫情报告或者发现传染病暴发、流行时，应当立即报告当地卫生健康主管部门，由当地卫生健康主管部门立即报告当地人民政府，同时报告上级卫生健康主管部门和国务院卫生健康主管部门。疾病预防控制机构应当设立或者指定专门的部门、人员负责传染病疫情信息管理工作，及时对疫情报告进行核实、分析。

（2）报告时限：传染病暴发、流行时，责任报告人应当以最快的通信方式向当地疾病预防控制机构报告疫情。接到疫情报告的疾病预防控制机构应当以最快的通信方式报告上级疾病预防控制机构和当地政府卫生健康主管部门，卫生健康主管部门接到报告后，应当立即报告当地政府。

责任报告人发现甲类传染病和按甲类传染病预防、控制措施管理的乙类传染病病人、病原携带者或疑似传染病病人时，应当在 2 小时内向发病地的疾病预防控制机构报告；责任报告人发现其他乙类传染病和丙类传染病病人、病原携带者或疑似传染病病人时，应当在 24 小时内向发病地的疾病预防控制机构报告。

责任报告人不得隐瞒、谎报、缓报传染病疫情。

（二）疫情通报

1. 纵向通报　国务院卫生健康主管部门应当及时向国务院其他有关部门通报全国传染病疫情以及监测、预警的相关信息。县级以上地方人民政府卫生健康主管部门应当及时向本行政区域内的疾病预防控制机构和医疗机构通报传染病疫情以及监测、预警的相关信息。接到通报的疾病预防控制机构和医疗机构应当及时告知本单位的有关人员。

2. 横向通报　国务院卫生健康主管部门应当及时向各省、自治区、直辖市人民政府卫生健康主管部门通报全国传染病疫情以及监测、预警的相关信息。毗邻的以及相关的地方人民政府卫生健康主管部门，应当及时互相通报本行政区域的传染病疫情以及监测、预警的相关信息。县级以上人民政府有关部门发现传染病疫情时，应当及时向同级人民政府卫生健康主管部门通报。中国人民解放军卫生健康主管部门发现传染病疫情时，应当向国务院卫生健康主管部门通报。动物防疫机构和疾病预防控制机构，应当及时互相通报动物间和人间发生的人畜共患传染病疫情以及相关信息。

（三）疫情公布

国家建立传染病疫情信息公布制度。传染病暴发、流行时，国务院卫生健康主管部门负责向社会公布传染病疫情信息，并可以授权省、自治区、直辖市人民政府卫生健康主管部门向社会公布本行政区域的传染病疫情信息。公布传染病疫情信息应当及时、准确。

三、传染病的控制

传染病的控制是指传染病发生或暴发流行时，政府及有关部门为了阻止传染病扩散和蔓延而采取的控制措施，包括控制传染源、切断传播途径等。

（一）医疗机构采取的控制措施

1. 发现甲类传染病时采取的措施　医疗机构发现甲类传染病时，应当及时采取下列措施：①对病人、病原携带者，予以隔离治疗，隔离期限根据医学检查结果确定；②对疑似病人，确诊前在指定场所单独隔离治疗；③对医疗机构内的病人、病原携带者、疑似病人的密切接触者，在指定场所进行医学观察和采取其他必要的预防措施；拒绝隔离治疗或者隔离期未满擅自脱离隔离治疗的，可以由公安机关协助医疗机构采取强制隔离治疗措施。

2. 发现乙类或者丙类传染病病人时采取的措施　医疗机构发现乙类或者丙类传染病病人时应当根据病情采取必要的治疗和控制传播措施。

3. 对被污染场所、物品及医疗废弃物的处理措施　医疗机构对本单位内被传染病病原体污染的场所、物品以及医疗废物，必须依照法律、法规的规定实施消毒和无害化处置。

（二）疾病预防控制机构采取的控制措施

对传染病疫情进行流行病学调查，根据调查情况提出划定疫点、疫区的建议，对被污染的场所进行卫生处理，对密切接触者，在指定场所进行医学观察和采取其他必要的预防措施，并向卫生健康主管部门提出疫情控制方案；传染病暴发、流行时，对疫点、疫区进行卫生处理,向卫生健康主管部门提出疫情控制方案,并按照卫生健康主管部门的要求采取措施;指导下级疾病预防控制机构实施传染病预防、控制措施,组织、指导有关单位对传染病疫情进行处理。

（三）县级以上地方人民政府采取的控制措施

1. 实施隔离措施　对已经发生甲类传染病病例的场所或者该场所内特定区域的人员,所在地的县级以上地方人民政府可以实施隔离措施,并同时向上一级人民政府报告;接到报告的上级人民政府应当即时作出是否批准的决定;实施隔离措施的人民政府应当为被隔离人员提供生活保障,被隔离人员有工作单位的,所在单位不得停止支付其隔离期间的工作报酬。

2. 采取紧急措施　传染病暴发、流行时,县级以上地方人民政府应当立即组织力量,按照预防、控制预案进行防治,切断传染病的传播途径,必要时,报经上一级人民政府决定,可以采取下列紧急措施并予以公告:①限制或者停止集市、影剧院演出或者其他人群聚集的活动;②停工、停业、停课;③封闭或者封存被传染病病原体污染的公共饮用水源、食品以及相关物品;④控制或者扑杀染疫野生动物、家畜家禽;⑤封闭可能造成传染病扩散的场所。

（四）其他相应的控制措施

1. 尸体处理　患甲类传染病、炭疽死亡的,应将尸体立即进行卫生处理,就近火化。患其他传染病死亡的,必要时,应当将尸体进行卫生处理后火化。不具备火化条件的农村、边远地区,应将尸体按规定消毒后深埋。为了查找传染病病因,医疗机构在必要时可以按照国务院卫生健康主管部门的规定,对传染病病人尸体或者疑似传染病病人尸体进行解剖查验,并应当告知死者家属。

2. 相关设备设施的处理　疫区中被传染病病原体污染或者可能被传染病病原体污染的物品,经消毒可以使用的,应当在当地疾病预防控制机构的指导下,进行消毒处理后方可使用、出售和运输。发生传染病疫情时,疾病预防控制机构和省级以上人民政府卫生健康主管部门指派的其他与传染病有关的专业技术机构,可以进入传染病疫点、疫区进行调查、采集样本、技术分析和检验。

3. 保障物资供给　县级以上人民政府有关部门应当做好组织协调工作,确保物资供给充足。传染病暴发、流行时,药品和医疗器械生产、供应单位应当及时生产、供应防治传染病的药品和医疗器械。铁路、交通、民用航空经营单位必须优先运送处理传染病疫情有关人员以及防治传染病的药品和医疗器械。

四、传染病的医疗救治

医疗机构是对传染病病人进行医疗救治的主阵地,《中华人民共和国传染病防治法》对医疗救治作出了明确的规定。

（一）加强和完善医疗救治服务网络建设

县级以上人民政府应当加强和完善传染病医疗救治服务网络的建设，指定具备传染病救治条件和能力的医疗机构承担传染病救治任务，或者根据传染病救治需要设置传染病医院。医疗机构的基本标准、建筑设计和服务流程，应当符合预防传染病医院感染的要求。医疗机构应当按照规定对使用的医疗器械进行消毒；对按照规定一次使用的医疗器具，应当在使用后予以销毁。医疗机构应当按照传染病诊断标准和治疗要求的规定，采取相应措施，提高传染病医疗救治能力。

（二）提供医疗救治

医疗机构应当为传染病病人或者疑似传染病病人提供医疗救护、现场救援和接诊治疗，书写病历记录以及其他有关资料，并妥善保管。医疗机构应当实行传染病预检、分诊制度，对传染病病人、疑似传染病病人，应当引导至相对隔离的分诊点进行初诊。医疗机构不具备相应救治能力的，应当将病人及其病历记录复印件一并转至具备相应救治能力的医疗机构。

第三节　传染病防治监督

一、传染病防治监督管理机关及其职责

（一）监督管理机关

执行传染病防治监督管理工作职权的机关是各级卫生健康主管部门和受国务院卫生健康主管部门委托的其他卫生健康主管机构。

（二）监督管理机关的职责

各级政府卫生健康主管部门对传染病防治工作的监督管理职责：①对下级人民政府卫生健康主管部门履行传染病防治职责进行监督检查；②对疾病预防控制机构、医疗机构的传染病防治工作进行监督检查；③对采供血机构的采供血活动进行监督检查；④对用于传染病防治的消毒产品及其生产单位进行监督检查，并对饮用水供水单位从事生产或者供应活动以及涉及饮用水卫生安全的产品进行监督检查；⑤对传染病菌种、毒种和传染病检测样本的采集、保藏、携带、运输、使用进行监督检查；⑥对公共场所和有关单位的卫生条件和传染病预防、控制措施进行监督检查。

（三）监督管理机关的权力

1. 现场调查的权力　省级以上人民政府卫生健康主管部门负责组织对传染病防治重大事项的处理。县级以上人民政府卫生健康主管部门在履行监督检查职责时，有权进入被检查单位和传染病疫情发生现场调查取证，查阅或者复制有关的资料和采集样本，被检查单位应当予以配合，不得拒绝、阻挠。

2. 采取措施的权力　发现被传染病病原体污染的公共饮用水源、食品以及相关物

品，如不及时采取控制措施可能导致传染病传播、流行的，可以采取封闭公共饮用水源、封存食品以及相关物品或者暂停销售的临时控制措施，并予以检验或者进行消毒。经检验，属于被污染的食品，应当予以销毁；对未被污染的食品或者经消毒后可以使用的物品，应当解除控制措施。

二、传染病管理监督员及其职责

（一）传染病管理监督员的设立

各级人民政府卫生健康主管部门和受国务院卫生健康主管部门委托的其他有关部门卫生健康主管机构以及各级各类疾病预防控制机构内设立传染病管理监督员。传染病管理监督员由省级以上政府的卫生主管部门聘任并发给证书。省级政府卫生健康主管部门聘任的传染病管理监督员，报国务院卫生健康主管部门备案。

（二）传染病管理监督员的职责

传染病管理监督员的职责：①检查、监督、指导《中华人民共和国传染病防治法》及《中华人民共和国传染病防治法实施办法》的执行情况；②进行现场调查，包括采集必需的标本及查阅、索取、翻印复制必要的文字、图片、声像资料等，并根据调查情况写出书面报告；③对违法单位或者个人提出处罚建议；④执行卫生健康主管部门或者其他有关部门卫生主管机构交付的任务；⑤及时提出预防和控制传染病措施的建议。

三、传染病管理检查员及其职责

（一）传染病管理检查员的设立

各级各类医疗保健机构内设立的传染病管理检查员，由本单位推荐，经县级以上政府卫生健康主管部门或受国务院卫生健康主管部门委托的其他部门卫生主管机构批准并发给证件。

（二）传染病管理检查员的职责

传染病管理检查员的职责：①宣传《中华人民共和国传染病防治法》《中华人民共和国传染病防治法实施办法》，检查本单位和责任地段的传染病防治措施的实施和疫情报告执行情况，并对传染病防治工作进行技术指导；②执行卫生健康主管部门和疾病预防控制机构对本单位及责任地段提出的改进传染病防治管理工作意见；③定期向卫生健康主管部门指定的疾病预防控制机构汇报工作情况，遇到紧急情况及时报告。

第四节 法律责任

一、行政责任

（一）地方各级人民政府的行政责任

1. 行为　未履行报告职责，或者隐瞒、谎报、缓报传染病疫情，或者在传染病暴发、流行时，未及时组织救治、采取控制措施。

2. 责任　由县级以上人民政府责令改正，通报批评；造成传染病传播、流行或者其他严重后果的，对负有责任的主管人员，依法给予行政处分。

（二）县级以上人民政府卫生健康主管部门的行政责任

1. 行为　未依法履行传染病疫情通报、报告或者公布职责，或者隐瞒、谎报、缓报传染病疫情的；发生或者可能发生传染病传播时未及时采取预防、控制措施的；未依法履行监督检查职责，或者发现违法行为不及时查处的；未及时调查、处理单位和个人对下级卫生健康主管部门不履行传染病防治职责举报的；违反《中华人民共和国传染病防治法》的其他失职、渎职行为。

2. 责任　由本级人民政府、上级人民政府卫生健康主管部门责令改正，通报批评；造成传染病传播、流行或者其他严重后果的，对负有责任的主管人员和其他直接责任人员，依法给予行政处分。

（三）疾病预防控制机构及其相关人员的行政责任

1. 行为　未履行传染病监测职责的；未履行传染病疫情报告、通报职责，或者隐瞒、谎报、缓报传染病疫情的；未主动收集传染病疫情信息，或者对传染病疫情信息和疫情报告未及时进行分析、调查、核实的；发现传染病疫情时，未及时采取措施的；故意泄露传染病病人、病原携带者、疑似传染病病人、密切接触者涉及个人隐私的有关信息、资料的。

2. 责任　由县级以上人民政府卫生健康主管部门责令限期改正，通报批评，给予警告；对负有责任的主管人员和其他直接责任人员，依法给予降级、撤职、开除的处分，并可以依法吊销有关责任人员的执业证书。

（四）医疗机构及其相关人员的行政责任

1. 行为　医疗机构未承担本单位的传染病预防和控制工作、医院感染控制任务和责任区域内的传染病预防工作的；发现传染病疫情时，未对传染病病人、疑似传染病病人提供医疗救护、现场救援、接诊、转诊的，或者拒绝接受转诊的；未对本单位内被传染病病原体污染的场所、物品以及医疗废物实施消毒或者无害化处置的；未对医疗器械进行消毒，或者对按照规定一次使用的医疗器具未予销毁再次使用的；在医疗救治过程中未保管医学记录资料的；未报告传染病疫情，或者隐瞒、谎报、缓报传染病疫情的；故意泄露传染病病人、病原携带者、疑似传染病病人、密切接触者涉及个人隐私的有关信息、资料的。

2. 责任　由县级以上人民政府卫生健康主管部门责令改正，通报批评，给予警告；造成传染病传播、流行或者其他严重后果的，对负有责任的主管人员和其他直接责任人员，依法给予降级、撤职、开除的处分，并可以依法吊销有关责任人员的执业证书。

二、刑 事 责 任

对违反《中华人民共和国传染病防治法》情节严重，造成严重后果的，由司法机关依法追究刑事责任。

（一）妨害传染病防治罪

1. 行为　引起甲类传染病以及依法确定采取甲类传染病预防、控制措施的传染病传播或者有传播严重危险的：供水单位供应的饮用水不符合国家规定的卫生标准的；拒绝按照疾病预防控制机构提出的要求，对传染病病原体污染的污水、污物、场所和物品进行消毒处理的；准许或者纵容传染病病人、病原携带者和疑似传染病病人从事国务院卫生健康主管部门规定禁止从事的易使该传染病扩散的工作的；出售、运输疫区中被传染病病原体污染或者可能被传染病病原体污染的物品，未进行消毒处理的；拒绝执行县级以上人民政府、疾病预防控制机构依照传染病防治法提出的预防、控制措施的。

2. 责任　处 3 年以下有期徒刑或者拘役；后果特别严重的，处 3 年以上 7 年以下有期徒刑。单位犯罪的，对单位判处罚金，并对其直接负责的主管人员和其他直接责任人员，依照规定处罚。

（二）传染病菌种、毒种扩散罪

1. 行为　从事实验、保藏、携带、运输传染病菌种、毒种的人员，违反规定，造成传染病菌种、毒种扩散，后果严重的。

2. 责任　处 3 年以下有期徒刑或者拘役；后果特别严重的，处 3 年以上 7 年以下有期徒刑。

（三）妨害国境卫生检疫罪

1. 行为　引起检疫传染病传播或有传播严重危险的。

2. 责任　处 3 年以下有期徒刑或者拘役，并处或者单处罚金。单位犯罪的，对单位判处罚金，并对其直接负责的主管人员和其他直接责任人员，按规定处罚。

（四）传染病防治失职罪

1. 行为　从事传染病防治的卫生健康主管部门的工作人员严重不负责任，导致传染病传播或者流行，情节严重的。

2. 责任　处 3 年以下有期徒刑或者拘役。

三、民 事 责 任

单位和个人违反《中华人民共和国传染病防治法》规定，导致传染病传播、流行，给他人人身、财产造成损害的，应当依法承担民事责任。

第五节　艾滋病防治法律制度

艾滋病的全称是获得性免疫缺陷综合征，是人体感染了人类免疫缺陷病毒（又称艾滋病病毒）所导致的传染病。人体的免疫系统被艾滋病病毒破坏，使人体对威胁生命的各种病原体丧失了抵抗能力，从而发生多种感染或肿瘤，最终导致死亡。艾滋病对人类生存与发展威胁较大。我国政府高度重视和关心艾滋病的防治工作，制定了《艾滋病防治条例》，使艾滋病防治工作走上了法制化道路。

一、艾滋病防治原则

（一）法律制度建设

为了预防、控制艾滋病的发生与流行，保障人体健康和公共卫生，2006年1月18日国务院第122次常务会议通过了《艾滋病防治条例》，自2006年3月1日起施行。2019年3月2日，国务院对《艾滋病防治条例》进行了修改。

（二）艾滋病防治工作的方针和原则

1. 方针　艾滋病防治工作坚持预防为主、防治结合的方针。

2. 原则　建立政府组织领导、部门各负其责、全社会共同参与的机制，加强宣传教育，采取行为干预和关怀救助等措施，实行综合防治。

二、艾滋病病毒感染者、艾滋病病人及其家属的权利和义务

（一）权利

1. 不受歧视　艾滋病病毒感染者和艾滋病病人及其家属不受歧视。任何单位和个人不得歧视艾滋病病毒感染者、艾滋病病人及其家属。

2. 合法权益受保护　艾滋病病毒感染者、艾滋病病人及其家属依法享有的权利和社会福利，如婚姻、就业、就医、入学等合法权益，受到法律保护。

3. 隐私受保护　未经本人或者其监护人同意，不得公开艾滋病病毒感染者、艾滋病病人及其家属的有关信息。

4. 诊疗服务　医疗机构不得拒绝对艾滋病病毒感染者、艾滋病病人的其他疾病进

行治疗。

5. 接受免费检测　国家实行艾滋病自愿咨询和自愿检测制度,为自愿接受艾滋病咨询、检测的人员免费提供咨询和初筛检测。

（二）义务

1. 接受调查和指导　接受疾病预防控制机构或者出入境检验检疫机构的流行病学调查和指导。

2. 如实告知　将感染或者发病的事实及时告知与其有性关系者;就医时,将感染或者发病的事实如实告知接诊医师,认真听从医务人员的医学指导,服从疾病预防控制机构管理。

3. 采取防护措施　采取必要的防护措施,防止感染他人。艾滋病病人应暂缓结婚,艾滋病病毒感染者如申请结婚,双方应接受医学咨询。

4. 不得故意传播疾病　艾滋病病毒感染者和艾滋病病人不得以任何方式故意传播艾滋病;故意传播艾滋病的,依法承担民事赔偿责任,构成犯罪的,依法追究刑事责任。对艾滋病病毒感染者和艾滋病病人所从事的工作有传播艾滋病病毒危险的,所在单位应负责安排其从事其他工作。

5. 不得捐献　艾滋病病毒感染者和艾滋病病人不得捐献血液、精液、器官、组织和细胞。

知识窗

世界艾滋病日

1988 年 1 月,世界卫生组织宣布将每年的 12 月 1 日定为世界艾滋病日,号召世界各国以及国际组织在这一天举办相关的活动,宣传和普及预防艾滋病的知识。之所以选择这一天,是因为首例艾滋病是在 1981 年的 12 月 1 日被诊断出来的。

三、预防与控制

（一）加强宣传教育

1. 全民宣传教育　开展全民防治艾滋病的普及性宣传教育,向公众普及艾滋病防治知识,特别是向有易感染艾滋病病毒危险行为的人群传递科学、准确的艾滋病防治信息,引导人们改变危险行为,减少或阻断病毒传播因素,提倡健康文明的生活方式,营造良好的艾滋病防治的社会环境。

2. 开展公益宣传　地方各级人民政府和政府有关部门应在公共场所和公共交通工具显著位置,设置固定的艾滋病防治广告牌或者张贴艾滋病防治公益广告,组织发放艾滋病防治宣传材料,同时可以通过广播、电视、报刊、互联网等新闻媒体开展艾滋病防治的公益宣传。

3. 针对重点人群宣传　加强对学生、育龄人群、进城务工人员、妇女等重点人群有关艾滋病防治的宣传教育。社会因素在艾滋病的传播中起着重要的作用，需要全社会参与，帮助有易感染艾滋病病毒危险行为的人群改变行为。

（二）严格防控

国家建立健全艾滋病检测网络，国务院卫生健康主管部门制订国家艾滋病监测规划和方案。医疗卫生机构应当按照国务院卫生健康主管部门的规定，遵守标准防护原则，严格执行操作规程和消毒管理制度，防止发生艾滋病病毒医院感染和医源性感染。血站、单采血浆站应当对采集的人体血液、血浆进行艾滋病病毒检测；不得向医疗机构和血液制品生产单位供应未经艾滋病病毒检测或者艾滋病病毒检测阳性的人体血液、血浆。医疗机构应当对因应急用血而临时采集的血液进行艾滋病病毒检测，对临床用血艾滋病病毒检测结果进行核查；对未经艾滋病病毒检测、核查或者艾滋病病毒检测阳性的血液，不得采集或者使用。

（三）预防艾滋病的行为干预措施

为有效减少艾滋病传播，推广预防艾滋病的行为干预措施如下：①针对经注射吸毒传播艾滋病的，采取美沙酮维持治疗措施；②针对经性传播艾滋病的，采取推广使用安全套措施；③针对母婴传播艾滋病的，采取抗病毒药物预防和人工代乳品喂养等措施；④提高个人防范意识以及减少危险行为的针对性同伴教育措施。

四、治疗与救助

（一）治疗

医疗机构应当为艾滋病病毒感染者和艾滋病病人提供艾滋病防治咨询、诊断和治疗服务，不得推诿或者拒绝对其进行治疗；对确诊的艾滋病病毒感染者和艾滋病病人，应当将其感染或者发病的事实告知本人，本人无行为能力或者为限制行为能力人的，应当告知监护人；应当对孕产妇提供艾滋病防治咨询和检测，对感染艾滋病病毒的孕产妇及其婴儿，提供预防艾滋病母婴传播的咨询、产前指导、阻断、治疗、产后访视、婴儿随访和检测等服务。

（二）救助

1. 艾滋病防治关怀、救助措施　县级以上人民政府应当向农村艾滋病病人和城镇经济困难的艾滋病病人免费提供抗艾滋病病毒治疗药品；对农村和城镇经济困难的艾滋病病毒感染者、艾滋病病人适当减免抗机会性感染治疗药品的费用；向接受艾滋病咨询、检测的人员免费提供咨询和初筛检测；向感染艾滋病病毒的孕产妇免费提供预防艾滋病母婴传播的治疗和咨询。

2. 生活困难救助及就业指导　对生活困难并符合社会救助条件的艾滋病病毒感染

者、艾滋病病人及其家属给予生活救助，创造条件扶持有劳动能力的艾滋病病毒感染者和艾滋病病人从事力所能及的生产和工作。

3. 未成年人救助　生活困难的艾滋病病人遗留的孤儿和感染艾滋病病毒的未成年人接受义务教育的，应当免收杂费、书本费；接受学前教育和高中阶段教育的，应当减免学费等相关费用。

本章小结　　本章学习重点是按照法定管理的传染病，传染病的疫情报告、通报和公布，传染病的控制、医疗救治，艾滋病病人的权利和义务，艾滋病的预防与控制。学习难点是传染病的疫情报告、传染病的控制、艾滋病的预防和控制等。在学习过程中，要注重养成法治素养，提高法治意识，学会运用法律知识解决传染病防治过程中遇到的实际问题。

（李丽莉）

？ 思考与练习

1. 被列入我国法定管理传染病的病种有几种？分为几类？

2. 某医院接诊 1 名疑似鼠疫的病人，确诊前应如何安置病人？确诊后应采取哪些控制措施？

3. 艾滋病病毒感染者、艾滋病病人及其家属有哪些权利和义务？

第五章 | 疫苗管理及突发公共卫生事件应急法律制度

05章

05章 数字资源

学习目标

1. 具有运用法律知识分析问题、解决问题的能力。
2. 掌握疫苗预防接种及异常反应的处理；突发公共卫生事件报告与信息发布以及应急处理。
3. 熟悉疫苗流通；突发公共卫生事件的概念及应急工作方针和原则；突发公共卫生事件的预防与应急准备。
4. 了解疫苗的概念和分类；疫苗监督管理；违反法律规定的责任。
5. 学会运用所学法律知识，正确处理疫苗管理和突发公共卫生事件应急处理中出现的法律问题。

第一节 疫苗管理法律制度

工作情景与任务

情景导入：

2021年4月25日，接人举报，卫生监督人员核查得知，某社区卫生服务中心周某用"二价"人乳头状瘤病毒（HPV）疫苗冒充"九价"HPV疫苗为人注射。

请思考：

1. 这起事件违反了什么法律？如果你是卫生监督人员，应该如何应对？
2. 社区卫生服务中心是否要承担责任？承担何种责任？

为了加强疫苗管理，保证疫苗质量和供应，规范预防接种，促进疫苗行业发展，保障公众健康，维护公共卫生安全，2019年6月29日，第十三届全国人民代表大会常务委员会第十一次会议通过了《中华人民共和国疫苗管理法》,自 2019 年 12 月 1 日起施行。

一、概　　述

（一）疫苗的概念和分类

疫苗是指为预防、控制疾病的发生、流行,用于人体免疫接种的预防性生物制品,包括免疫规划疫苗和非免疫规划疫苗。

免疫规划疫苗是指居民应当按照政府的规定接种的疫苗,包括国家免疫规划确定的疫苗,省、自治区、直辖市人民政府在执行国家免疫规划时增加的疫苗,以及县级以上人民政府或其卫生健康主管部门组织的应急接种或者群体性预防接种所使用的疫苗,主要包括卡介苗、脊髓灰质炎疫苗(脊灰糖丸)、麻疹疫苗、百白破三联疫苗、乙肝疫苗等 11 种疫苗。接种该类疫苗由政府承担费用。

非免疫规划疫苗是指由居民自愿接种的其他疫苗,主要包括 B 型流感嗜血杆菌疫苗、灭活脊髓灰质炎疫苗、水痘疫苗、肺炎疫苗、口服轮状病毒疫苗等。接种该类疫苗由受种者或其监护人承担费用。

知识拓展

我国免疫规划的"五苗防七病"

我国现行免疫规划中,免疫规划疫苗共有 5 种,能预防 7 种疾病。具体指的是:卡介苗,预防结核病;脊灰糖丸,预防脊髓灰质炎(小儿麻痹症);麻疹疫苗,预防麻疹;百白破三联疫苗,预防白喉、百日咳和破伤风;乙肝疫苗,预防乙型病毒性肝炎。

（二）疫苗管理的原则

国家对疫苗实行最严格的管理制度,坚持安全第一、风险管理、全程管控、科学监管、社会共治。

（三）免疫规划制度

居住在中国境内的居民,依法享有接种免疫规划疫苗的权利,履行接种免疫规划疫苗的义务。政府免费向居民提供免疫规划疫苗。监护人应当依法保证适龄儿童按时接种免疫规划疫苗。

二、疫苗的生产与流通

（一）疫苗生产单位条件

从事疫苗生产活动，应当经省级以上人民政府药品监督管理部门批准，取得药品生产许可证，除符合《中华人民共和国药品管理法》规定的从事药品生产活动的条件外，还应当具备的条件：①具备适度规模和足够的产能储备；②具有保证生物安全的制度和设施、设备；③符合疾病预防、控制需要。

（二）免疫规划疫苗的流通

国家免疫规划疫苗由国务院卫生健康主管部门会同国务院财政部门等组织集中招标或者统一谈判，形成并公布中标价格或者成交价格，各省、自治区、直辖市实行统一采购。

（三）非免疫规划疫苗的流通

国家免疫规划疫苗以外的其他免疫规划疫苗、非免疫规划疫苗由各省、自治区、直辖市通过省级公共资源交易平台组织采购。疾病预防控制机构配送非免疫规划疫苗可以收取储存、运输费用。

三、疫 苗 接 种

疫苗接种是预防传染病的重要手段，做好预防接种是落实免疫规划、做好疾病预防、保护人民健康、保证我国社会主义经济建设的一项重要策略。

（一）接种单位及其要求

接种单位应当具备的条件：①取得医疗机构执业许可证；②具有经过县级人民政府卫生健康主管部门组织的预防接种专业培训并考核合格的医师、护士或者乡村医生；③有符合疫苗储存、运输管理规范的冷藏设施、设备和冷藏保管制度。

（二）预防接种制度

1. 有计划的预防接种制度　国务院卫生健康主管部门制定国家免疫规划；国家免疫规划疫苗种类由国务院卫生健康主管部门会同国务院财政部门拟订，报国务院批准后公布。省、自治区、直辖市人民政府在执行国家免疫规划时，可以根据本行政区域疾病预防、控制需要，增加免疫规划疫苗种类，报国务院卫生健康主管部门备案并公布。

2. 儿童预防接种证制度　国家对儿童实行预防接种证制度。在儿童出生后一个月内，其监护人应当到儿童居住地承担预防接种工作的接种单位或者出生医院为其办理预防接种证。接种单位或者出生医院不得拒绝办理。监护人应当妥善保管预防接种证。预防接种实行居住地管理，儿童离开原居住地期间，由现居住地承担预防接种工作的接种单位负责对其实施接种。

儿童入托、入学时，托幼机构、学校应当查验预防接种证，发现未按照规定接种免疫规划疫苗的,应当向儿童居住地或者托幼机构、学校所在地承担预防接种工作的接种单位报告,并配合接种单位督促其监护人按照规定补种。

3. **群体性预防接种制度**　县级以上地方人民政府卫生健康主管部门根据传染病监测和预警信息,为预防、控制传染病暴发、流行,报经本级人民政府决定,并报省级以上人民政府卫生健康主管部门备案,可以在本行政区域进行群体性预防接种。任何单位和个人不得擅自进行群体性预防接种。

(三)预防接种要求

国务院卫生健康主管部门应当制定、公布预防接种工作规范以及国家免疫规划疫苗的免疫程序和非免疫规划疫苗的使用指导原则,强化预防接种规范化管理。

医疗卫生人员实施接种,应当告知受种者或者其监护人所接种疫苗的品种、作用、禁忌、不良反应以及现场留观等注意事项,询问受种者的健康状况以及是否有接种禁忌等情况,并如实记录告知和询问情况。有接种禁忌不能接种的,医疗卫生人员应当向受种者或者其监护人提出医学建议,并如实记录提出医学建议情况。

医疗卫生人员应当对符合接种条件的受种者实施接种。受种者在现场留观期间出现不良反应的,医疗卫生人员应当按照预防接种工作规范的要求,及时采取救治等措施。

(四)接种费用

接种单位接种免疫规划疫苗不得收取任何费用,接种非免疫规划疫苗,除收取疫苗费用外,还可以收取接种服务费。

四、异常反应的处理

(一)异常反应的概念

预防接种异常反应是指合格的疫苗在实施规范接种过程中或者实施规范接种后造成受种者机体组织器官、功能损害,相关各方均无过错的药品不良反应。

下列情况不属于预防接种异常反应:①因疫苗本身特性引起的接种后一般反应;②因疫苗质量不合格给受种者造成的损害;③因接种单位违反预防接种工作规范、免疫程序、疫苗使用指导原则、接种方案给受种者造成的损害;④受种者在接种时正处于某种疾病的潜伏期或者前驱期,接种后偶合发病;⑤受种者有疫苗说明书规定的接种禁忌,在接种前受种者或者其监护人未如实提供受种者的健康状况和接种禁忌等情况,接种后受种者原有疾病急性复发或者病情加重;⑥因心理因素发生的个体或者群体的心因性反应。

(二)处理

1. **及时报告**　接种单位、医疗机构等发现疑似预防接种异常反应的,应当按照规定向疾病预防控制机构报告。疫苗上市许可持有人应当设立专门机构,配备专职人员,主动收集、跟踪分析疑似预防接种异常反应,及时采取风险控制措施,将疑似预防接种异常反应向疾病预防控制机构报告，将质量分析报告提交省、自治区、直辖市人民政府药品监督管理部门。

2. 损害的补偿　国家实行预防接种异常反应补偿制度。实施接种过程中或者实施接种后出现受种者死亡、严重残疾、组织器官损伤等损害，属于预防接种异常反应或者不能排除的，应当给予补偿。

接种免疫规划疫苗所需的补偿费用，由省、自治区、直辖市人民政府财政部门在预防接种经费中安排；接种非免疫规划疫苗所需的补偿费用，由相关疫苗上市许可持有人承担。国家鼓励通过商业保险等多种形式对预防接种异常反应受种者予以补偿。预防接种异常反应补偿应当及时、便民、合理。

3. 争议的处理　对疑似预防接种异常反应，疾病预防控制机构应当按照规定及时报告，组织调查、诊断，并将调查、诊断结论告知受种者或者其监护人。对调查、诊断结论有争议的，可以根据国务院卫生健康主管部门制定的鉴定办法申请鉴定。

五、监 督 管 理

（一）监督管理主体及职责

药品监督管理部门、卫生健康主管部门按照各自职责对疫苗研制、生产、流通和预防接种全过程进行监督管理，监督疫苗上市许可持有人、疾病预防控制机构、接种单位等依法履行义务。

（二）建立相关制度

国家实行疫苗安全信息统一公布制度。国务院药品监督管理部门会同国务院卫生健康主管部门等建立疫苗质量、预防接种等信息共享机制。疫苗上市许可持有人应当建立信息公开制度。

（三）监管要求

1. 存在安全隐患的监管　疫苗质量管理存在安全隐患，疫苗上市许可持有人等未及时采取措施消除的，药品监督管理部门可以采取责任约谈、限期整改等措施。药品监督管理部门应当建立疫苗上市许可持有人及其相关人员信用记录制度，纳入全国信用信息共享平台，按照规定公示其严重失信信息，实施联合惩戒。

2. 存在质量问题的监管　疫苗存在或者疑似存在质量问题的，应当：①疫苗上市许可持有人、疾病预防控制机构、接种单位应当立即停止销售、配送、使用，必要时立即停止生产，按照规定向县级以上人民政府药品监督管理部门、卫生健康主管部门报告。②卫生健康主管部门应当立即组织疾病预防控制机构和接种单位采取必要的应急处置措施，同时向上级人民政府卫生健康主管部门报告。③药品监督管理部门应当依法采取查封、扣押等措施。④对已经销售的疫苗，疫苗上市许可持有人应当及时通知相关疾病预防控制机构、疫苗配送单位、接种单位，按照规定召回，如实记录召回和通知情况，疾病预防控制机构、疫苗配送单位、接种单位应当予以配合。⑤疫苗上市许可持有人、疾病预防控制机构、接种单位发现存在或者疑似存在质量问题的疫苗，不得瞒报、谎报、缓报、漏报，不得隐匿、伪造、毁灭有关证据。

（四）举报及其处理

任何单位和个人有权向卫生健康主管部门、药品监督管理部门等部门举报疫苗违法行为，对卫生健康主管部门、药品监督管理部门等部门及其工作人员未依法履行监督管理职责的情况有权向本级或者上级人民政府及其有关部门、监察机关举报。有关部门、监察机关应当及时核实、处理；对查证属实的举报，按照规定给予举报人奖励。

第二节　突发公共卫生事件应急法律制度

工作情景与任务

情景导入：

参加某次会议的 328 人在酒店用晚餐后，陆续出现腹泻、呕吐、发热等症状，初步调查这些症状是由沙门菌感染引起的。

请思考：

1. 这是一起什么事件？为什么？

2. 如果你是接诊护士，应该采取哪些措施？

为了有效预防、及时控制和消除突发公共卫生事件的危害，保障公众身体健康与生命安全，维护正常的社会秩序，依据《中华人民共和国传染病防治法》和其他相关法律法规，国务院制定了《突发公共卫生事件应急条例》，2003 年 5 月 9 日中华人民共和国国务院令第 376 号公布，并于 2011 年 1 月 8 日进行修订。《突发公共卫生事件应急条例》的颁布实施，标志着我国突发公共卫生事件应急处理工作走上了法制化管理轨道。

一、概　　述

（一）突发公共卫生事件的概念

突发公共卫生事件是指突然发生，造成或者可能造成社会公众健康严重损害的重大传染病疫情、群体性不明原因疾病、重大食物和职业中毒以及其他严重影响公众健康的事件。

突发公共卫生事件具有突发性、公共卫生属性、严重损害性三个特征。

突发公共卫生事件的分级

突发公共卫生事件实行分级管理,根据突发公共卫生事件的性质、危害程度、涉及范围,突发公共卫生事件分为一般(Ⅳ级)、较重(Ⅲ级)、严重(Ⅱ级)、特别严重(Ⅰ级)四级,依次用蓝色、黄色、橙色和红色进行预警。

(二)突发公共卫生事件应急工作方针与原则

1. 方针 突发公共卫生事件应急工作应当遵循预防为主、常备不懈的方针。这是减少各类突发公共卫生事件的保证,是有效应对突发公共卫生事件的前提。

(1)预防为主:突发公共卫生事件是突然发生的,很多突发公共卫生事件具有不可预见性,但是突发公共卫生事件并不是完全不可预防的。防重于治,不仅仅是针对突发公共卫生事件发生后的处置,更重要的是防止、避免突发公共卫生事件的发生。

(2)常备不懈:对突发公共卫生事件的防范,必须坚持时时抓,常抓不懈,才能奏效。

2. 原则 突发公共卫生事件应急工作应当贯彻统一领导、分级负责,反应及时、措施果断,依靠科学、加强合作的原则。

(1)统一领导、分级负责:突发公共卫生事件应急处理实行国家和省级地方人民政府两级负责。国务院或省、自治区、直辖市人民政府成立突发公共卫生事件应急处理指挥部。各有关部门在应急处理指挥部的统一领导指挥下,按照应急预案以及突发公共卫生事件的具体情况做出部署,开展相关的应急工作。

(2)反应及时、措施果断:突发公共卫生事件发生后,有关人民政府及部门应当及时做出反应,采取正确的、果断的措施,处理所发生的事件。

(3)依靠科学、加强合作:要积极开展突发公共卫生事件防范和处理的相关科学研究工作,加强国际间的科研合作和交流,为突发公共卫生事件应急处理提供先进的、完备的、科学的技术保障。

二、预防与应急准备

(一)突发公共卫生事件应急预案

突发公共卫生事件应急预案分为全国突发公共卫生事件应急预案和省、自治区、直辖市突发公共卫生事件应急预案。国务院卫生健康主管部门按照分类指导、快速反应的要求,制定全国突发公共卫生事件应急预案,报请国务院批准。省、自治区、直辖市人民政府根据全国突发公共卫生事件应急预案,结合本地实际情况,制定本行政区域的突发公共卫生事件应急预案。

（二）预防控制体系

国家建立统一的突发公共卫生事件预防控制体系。县级以上地方人民政府应当建立和完善突发公共卫生事件监测与预警系统。县级以上各级人民政府卫生健康主管部门，应当指定机构负责开展突发公共卫生事件的日常监测，并确保监测与预警系统的正常运行。

（三）急救医疗服务网络建设

县级以上各级人民政府应当加强急救医疗服务网络的建设，配备相应的医疗救治药物、技术、设备和人员，提高医疗卫生机构应对各类突发公共卫生事件的救治能力。

县级以上地方人民政府卫生健康主管部门，应当定期对医疗卫生机构和人员开展突发公共卫生事件应急处理相关知识、技能的培训，定期组织医疗卫生机构进行突发公共卫生事件应急演练，推广最新知识和先进技术。

三、报告与信息发布

（一）应急报告制度

国家建立突发公共卫生事件应急报告制度。国务院卫生健康主管部门制定突发公共卫生事件应急报告规范，建立重大、紧急疫情信息报告系统。

1. 应急报告情形　需要应急报告的情形：①发生或者可能发生传染病暴发、流行的；②发生或者发现不明原因的群体性疾病的；③发生传染病菌种、毒种丢失的；④发生或者可能发生重大食物和职业中毒事件的。

2. 报告时限和程序　突发公共卫生事件监测机构、医疗卫生机构和有关单位发现需要报告的突发公共卫生事件，应当在2小时内向所在地县级人民政府卫生健康主管部门报告；接到报告的卫生健康主管部门应当在2小时内向本级人民政府报告，并同时向上级人民政府卫生健康主管部门和国务院卫生健康主管部门报告。

3. 报告要求　任何单位和个人对突发公共卫生事件，不得隐瞒、缓报、谎报或者授意他人隐瞒、缓报、谎报。接到报告的地方人民政府、卫生健康主管部门依照规定报告的同时，应当立即组织力量对报告事项调查核实、确证，采取必要的控制措施，并及时报告调查情况。

（二）通报制度

1. 纵向通报　国务院卫生健康主管部门应当根据发生突发公共卫生事件的情况，及时向各省、自治区、直辖市人民政府卫生健康主管部门通报。接到通报的省、自治区、直辖市人民政府卫生健康主管部门，必要时应当及时通知本行政区域内的医疗卫生机构。

2. 横向通报　国务院卫生健康主管部门应当根据发生突发公共卫生事件的情况，及时向国务院有关部门以及军队有关部门通报。突发公共卫生事件发生地的省、自治区、直辖市人民政府卫生健康主管部门，应当及时向毗邻省、自治区、直辖市人民政府卫生健康主管部门通报。县级以上地方人民政府有关部门,已经发生或者发现可能引起突发公共卫生事件的情形时,应当及时向同级人民政府卫生健康主管部门通报。

（三）举报制度

国家建立突发公共卫生事件举报制度,公布统一的突发公共卫生事件报告、举报电话。

任何单位和个人有权向人民政府及其有关部门报告突发公共卫生事件隐患,有权向上级人民政府及其有关部门举报地方人民政府及其有关部门不履行突发公共卫生事件应急处理职责,或者不按照规定履行职责的情况。接到报告、举报的有关人民政府及其有关部门,应当立即组织调查处理。

（四）信息发布制度

国家建立突发公共卫生事件的信息发布制度。国务院卫生健康主管部门负责向社会发布突发公共卫生事件的信息。必要时,可以授权省、自治区、直辖市人民政府卫生健康主管部门向社会发布本行政区域内突发公共卫生事件的信息。

信息发布应当及时、准确、全面。

四、应 急 处 理

（一）启动应急预案

突发公共卫生事件发生后,卫生健康主管部门应当组织专家对突发公共卫生事件进行综合评估,初步判断突发公共卫生事件的类型,提出是否启动突发公共卫生事件应急预案的建议。

应急预案启动前,县级以上各级人民政府有关部门应当根据突发公共卫生事件的实际情况,做好应急处理准备,采取必要的应急措施。应急预案启动后,突发公共卫生事件发生地的人民政府有关部门,应当根据预案规定的职责要求,服从突发公共卫生事件应急处理指挥部的统一指挥,立即到达规定岗位,采取有关的控制措施。医疗卫生机构、监测机构和科学研究机构,应当服从突发公共卫生事件应急处理指挥部的统一指挥,相互配合、协作,集中力量开展相关的科学研究工作。

（二）采取应急处理措施

国务院卫生健康主管部门对新发现的突发传染病,根据危害程度、流行强度,依照《中华人民共和国传染病防治法》的规定及时宣布传染病情况;宣布为甲类传染病的,由国务院决定。对新发现的突发传染病、不明原因的群体性疾病、重大食物和职业中毒事件,国务院卫生健康主管部门应当尽快组织力量制定相关的技术标准、规范和控制措施。

国务院有关部门和县级以上地方人民政府及其有关部门,应当保证突发公共卫生事件应急处理所需的医疗救护设备、救治药品、医疗器械等物资的生产、供应。应急处理指挥部有权紧急调集人员、储备的物资、交通工具以及相关设施、设备;必要时,对人员进行疏散或者隔离,对食物和水源采取控制措施,并可以依法对传染病疫区实行封锁。卫生健康主管部门应当对突发公共卫生事件现场等采取控制措施，及时对易受感染的人群和其他易受损害的人群采取应急接种、预防性投药、群体防护等措施。

（三）医疗卫生机构在应急处理中的职责

医疗卫生机构应当对因突发公共卫生事件致病的人员提供医疗救护和现场救援，对就诊病人必须接诊治疗，并书写详细、完整的病历记录，对需要转送的病人，应当按照规定将病人及其病历的复印件转送至接诊的或者指定的医疗机构。

医疗卫生机构内应当采取卫生防护措施，防止交叉感染和污染。医疗机构收治传染病病人、疑似传染病病人，应当依法报告所在地的疾病预防控制机构，应当对传染病病人密切接触者采取医学观察措施，传染病病人密切接触者应当予以配合。

（四）传染病暴发、流行时采取的措施

传染病暴发、流行时，街道、乡镇以及居民委员会、村民委员会应当组织力量，团结协作，群防群治，协助卫生健康主管部门和其他有关部门、医疗卫生机构做好疫情信息的收集和报告、人员的分散隔离、公共卫生措施的落实工作，向居民、村民宣传传染病防治的相关知识。

对于传染病暴发、流行区域内流动人口，突发公共卫生事件发生地的县级以上地方人民政府应当做好预防工作，落实有关卫生控制措施，对传染病病人和疑似传染病病人，应当采取就地隔离、就地观察、就地治疗的措施，对需要治疗和转诊的，应当依照《突发公共卫生事件应急条例》的相关规定执行。

有关部门、医疗卫生机构应当对传染病做到早发现、早报告、早隔离、早治疗，切断传播途径，防止扩散。在突发公共卫生事件中需要接受隔离治疗、医学观察措施的病人、疑似病人和传染病病人密切接触者，在卫生健康主管部门或者有关机构采取医学措施时应当予以配合；拒绝配合的，由公安机关依法协助强制执行。

第三节　法律责任

一、违反《中华人民共和国疫苗管理法》的法律责任

（一）机构违法责任

违反《中华人民共和国疫苗管理法》规定，疾病预防控制机构、接种单位有下列情形的，由县级以上人民政府卫生健康主管部门依法处理：①未按规定供应、接收、采购疫苗；②接种疫苗未遵守预防接种工作规范、免疫程序、疫苗使用指导原则、接种方案；③擅自进行群体性预防接种的；④未按规定提供追溯信息；⑤接收或者购进疫苗时未按照规定索取并保存相关证明文件、温度监测记录；⑥未按规定建立并保存疫苗接收、购进、储存、配送、供应、接种、处置记录；⑦未按规定告知、询问受种者或者其监护人有关情况的；⑧未按规定报告疑似预防接种异常反应、疫苗安全事件等，或者未按照规定对疑似预防

接种异常反应组织调查、诊断等的;⑨违规收取费用的。

（二）个人违法责任

监护人未依法保证适龄儿童按时接种免疫规划疫苗的,由县级人民政府卫生健康主管部门依法处理。托幼机构、学校在儿童入托、入学时未按照规定查验预防接种证,或者发现未按照规定接种的儿童后未向接种单位报告的,由县级以上地方人民政府教育主管部门依法处理。

二、违反《突发公共卫生事件应急条例》的法律责任

（一）未履行报告职责的法律责任

县级以上人民政府及其卫生健康主管部门未依照规定履行报告职责,对突发公共卫生事件隐瞒、缓报、谎报或者授意他人隐瞒、缓报、谎报的,对政府主要领导人及其卫生健康主管部门主要负责人,依法给予降级或者撤职的行政处分;造成传染病传播、流行或者对社会公众健康造成其他严重危害后果的,依法给予开除的行政处分;构成犯罪的,依法追究刑事责任。

（二）医疗卫生机构的违法责任

医疗卫生机构的违法行为:①未履行报告职责,隐瞒、缓报或者谎报的;②未及时采取控制措施的;③未履行突发公共卫生事件监测职责的;④拒绝接诊病人的;⑤拒不服从突发公共卫生事件应急处理指挥部调度的。有上述违法行为的医疗机构由卫生健康主管部门责令改正、通报批评、给予警告;情节严重的,吊销《医疗机构执业许可证》;对主要负责人、负有责任的主管人员和其他直接责任人员依法给予降级或者撤职的纪律处分;造成传染病传播、流行或者对社会公众健康造成其他严重危害后果,构成犯罪的,依法追究刑事责任。

本章小结

本章学习重点是疫苗的概念和分类、疫苗流通和接种的监督管理规定,突发公共卫生事件的概念与特征、突发公共卫生事件应急工作方针、原则、预防与应急准备;学习难点是疫苗流通的规定,疫苗预防接种规定及异常反应的处理,突发公共卫生事件报告与信息发布、应急处理以及违反法律规定的责任。在学习过程中,同学们要注重运用法律知识分析问题、解决问题能力的养成。

（韦 岸）

1. 疫苗的概念和分类分别是什么？

2. 预防接种有哪些要求？

3. 突发公共卫生事件的概念和特点分别是什么？

4. 突发公共卫生事件应急工作方针与原则分别是什么？

第六章 | 献血法律制度

学习目标

1. 具有积极参与无偿献血的意识和救死扶伤的人道主义精神。
2. 掌握无偿献血的主体；血站采供血管理；医疗机构用血的规定；临床输血技术规范。
3. 熟悉无偿献血的概念与管理；血站的设置和执业许可；原料血浆的管理；临床用血的概念及原则。
4. 了解献血法的概念及法律建设；血站监督管理；血液制品的概念；血液制品生产经营单位的管理；临床用血的费用；违反献血法律制度的责任。
5. 学会运用所学献血法律知识，正确处理无偿献血、临床用血以及血液制品管理过程中出现的法律问题。

血液是生命之源，输血是现代医疗的重要手段，在临床医学领域中发挥着重要的作用。贯彻实施献血法律制度，对于保障献血者和用血者的健康与安全，促进我国卫生健康事业的健康有序发展具有重要意义。

第一节 概　述

公民献血是一种无私的奉献行为，可以挽救他人生命。从 1984 年开始倡导无偿献血，到 1998 年 10 月 1 日施行《中华人民共和国献血法》，我国的无偿献血逐渐规范，并走上了法制化轨道。

世界献血者日

世界卫生组织、红十字会与红新月会国际联合会、国际献血组织联合会、国际输血协会共同倡议将 2004 年 6 月 14 日定为第一个世界献血者日。

选择将 6 月 14 日设立为世界献血者日，是为了纪念 ABO 血型系统的发现者卡尔·兰德斯坦纳，这一天是他的生日。同时也是为了感谢那些拯救生命的自愿无偿献血者，鼓励更多的爱心人士尤其是年轻人积极参加无偿献血，宣传和促进全球血液安全。

一、献血法的概念

献血法是指为调整和保证临床用血需要与安全，保障献血者和用血者身体健康的活动中产生的各种社会关系的法律规范的总称。

二、献血法律制度建设

1997 年 12 月 29 日，第八届全国人民代表大会常务委员会第二十九次会议通过了《中华人民共和国献血法》，自 1998 年 10 月 1 日起施行。

此后，原卫生部根据《中华人民共和国献血法》制定发布了《全国无偿献血表彰奖励办法》《临床输血技术规范》《单采血浆站基本标准》《血站管理办法》《医疗机构临床用血管理办法》等。其中，《医疗机构临床用血管理办法》于 2019 年 2 月进行了修订，《全国无偿献血表彰奖励办法（2022 年版）》于 2022 年发布。

《中华人民共和国献血法》及其配套法规、规章的颁布与修订，标志着我国血液事业开始进入全面依法管理的新阶段。

第二节　无偿献血

工作情景与任务

情景导入：

医生张某，身高 178cm，体重 85kg，血型为 O 型。多年来，他年年坚持无偿献血。今年，他 56 周岁，前往血站申请献血。

请思考：

血站是否可以接受张某的献血？

一、无偿献血的概念

无偿献血是指公民向血站自愿、无报酬地提供自身血液的行为。《中华人民共和国献血法》规定，我国实行无偿献血制度。

无偿献血制度是指达到一定年龄的健康公民向血站自愿地提供自身的血液或某种血液成分用于临床，而不索取任何报酬的制度。

二、无偿献血的主体

国家提倡18周岁至55周岁的健康公民自愿献血。

国家机关、军队、社会团体、企业事业组织、居民委员会、村民委员会，应当动员和组织本单位或者本居住区的适龄公民参加献血。国家鼓励国家工作人员、现役军人和高等学校在校学生率先献血，为树立社会新风尚做表率。

对献血者，发给国家卫生健康委员会制作的无偿献血证书。自2020年6月14日起全国统一电子无偿献血证书已正式上线运行。

知识拓展

无偿献血年龄可延长至60周岁

2012年7月1日实施的新版《献血者健康检查要求》指出：国家提倡献血年龄为18周岁至55周岁；既往无献血反应、符合健康检查要求的多次献血者主动要求再次献血的，年龄可延长至60周岁。

三、无偿献血的管理

（一）无偿献血工作的组织领导

地方各级人民政府领导本行政区域内的献血工作，统一规划并负责组织、协调有关部门共同做好献血工作。县级以上各级人民政府卫生健康主管部门监督管理献血工作。各级红十字会依法参与、推动献血工作。

（二）无偿献血工作的宣传教育

各级人民政府要采取措施广泛宣传献血的意义，普及献血的科学知识，开展预防和控制经血液途径传播的疾病的教育。

医疗卫生和教育机构应当利用各种形式和宣传工具进行健康教育，组织卫生技术人员撰写血液科普知识资料，出版献血宣传读物等。

新闻媒介应当开展献血的社会公益性宣传。

第三节 血 站 管 理

工作情景与任务

情景导入：

教师王某，2021年3月26日无偿献血200ml。2021年9月10日，他又来到血站申请献血400ml，希望度过一个有意义的教师节。

请思考：

血站是否可以接受王某的献血？为什么？

血站是采集、提供临床用血的卫生机构，是不以营利为目的的公益性组织。

一、血站的设置和执业许可

（一）血站的设置和分类

各省、自治区、直辖市人民政府卫生健康主管部门制定本行政区域的血站设置规划。

血站分为一般血站和特殊血站。一般血站包括血液中心、中心血站和中心血库。特殊血站包括脐带血造血干细胞库和国家卫生健康委员会根据医学发展需要批准设置的其他类型的血库。

（二）一般血站的设置

血液中心应当设置在直辖市、省会市、自治区首府市；中心血站应当设置在设区的市；中心血库应当设在中心血站服务覆盖不到的县级综合医院内。同一行政区域内不得重复设置血液中心和中心血站。

血液中心、中心血站和中心血库的设置由所在地卫生健康主管部门初审后，报省、自治区、直辖市人民政府卫生健康主管部门审核批准。

（三）血站的执业许可

血站开展采供血活动，应当向所在省、自治区、直辖市人民政府卫生健康主管部门申请办理执业登记，取得《血站执业许可证》。没有取得《血站执业许可证》的，不得开展采供血活动。

有下列情形之一的，不予执业登记：①《血站质量管理规范》技术审查不合格的；②《血站实验室质量管理规范》技术审查不合格的；③血液质量检测结果不合格的。执业登记机关对审核不合格、不予执业登记的，将结果和理由以书面形式通知申请人。

《血站执业许可证》注册登记的有效期为3年，有效期满前3个月，血站应当办理再次执业登记，并提交《血站再次执业登记申请书》及《血站执业许可证》。省级人民政府卫生健康主管部门应当根据血站业务开展和监督检查情况进行审核，审核合格的，准予继续执业；审核不合格的，责令其限期整改；经整改仍不合格的，注销其《血站执业许可证》。

有效期满尚未办理再次执业登记手续或者被注销《血站执业许可证》的血站，不得继续执业。

二、采供血管理

（一）采血管理

血站采集血液应当遵循自愿和知情同意的原则，并对献血者履行规定的告知义务。血站应当对献血者身份进行核对并登记，严禁采集冒名顶替者的血液。血站应当建立献血者信息保密制度，为献血者保密。

血站在采血前，必须对献血者按照《献血者健康检查标准》免费进行必要的健康检查，经检查身体状况不符合献血条件的，不得采集其血液。

血站对献血者每次采集血液量一般为 200ml，最多不得超过 400ml，两次采集间隔期不少于 6 个月，严禁对献血者超量、频繁采集血液。

血站各业务岗位工作记录应当内容真实、项目完整、格式规范、字迹清楚、记录及时，由操作者签名。记录内容需要更改时，应当保持原记录内容清晰可辨，注明更改内容、原因和日期，并在更改处签名。献血、检测和供血的原始记录应当至少保存 10 年。

（二）供血管理

无偿献血的血液必须应用于临床，不得买卖。

血站应当保证发出的血液质量符合国家有关标准，其品种、规格、数量、活性、血型无差错；未经检测或者检测不合格的血液，不得向医疗机构提供。对检测不合格或者报废的血液，血站应当严格按照有关规定处理。

三、监 督 管 理

（一）职责划分

1. 县级以上人民政府卫生健康主管部门职责　县级以上人民政府卫生健康主管部门对本辖区采供血活动履行管理、检查、抽检等监督管理职责，并依法对违反《血站管理办法》的行为进行查处。

2. 省级人民政府卫生健康主管部门职责　省级人民政府卫生健康主管部门应当对本辖区内的血站执行有关规定情况和无偿献血比例、采供血服务质量、业务指导、人员培训、综合质量评价技术能力等情况进行评价及监督检查，并按照国家卫生健康委员会的有关规定将结果上报，同时向社会公布。

3. 国家卫生健康委员会职责　国家卫生健康委员会定期对血液中心执行有关规定情况和无偿献血比例、采供血服务质量、业务指导、人员培训、综合质量评价技术能力等情况以及脐带血造血干细胞库等特殊血站的质量管理状况进行评价及监督检查，并将结果向社会公布。

（二）履职要求

1. 一般要求　卫生健康主管部门在进行监督检查时，有权索取有关资料，血站不得隐瞒、阻碍或者拒绝。卫生健康主管部门对血站提供的资料负有保密的义务，法律、行政法规或者部门规章另有规定的除外。

2. 禁止行为　卫生健康主管部门和工作人员在履行职责时，不得有以下行为：①对不符合法定条件的，批准其设置、执业登记或者变更登记，或者超越职权批准血站设置、执业登记或者变更登记；②对符合法定条件和血站设置规划的，不予批准其设置、执业登记或者变更登记；或者不在法定期限内批准其设置、执业登记或者变更登记；③对血站不履行监督管理职责；④其他违反《血站管理办法》的行为。

第四节　血液制品管理

一、血液制品的概念

血液制品是特指各种人血浆蛋白制品。血液制品的原料是血浆，人血浆中有 92%~93% 是水，仅有 7%~8% 是蛋白质，血液制品就是从这部分蛋白质中分离提纯的。

二、原料血浆的管理

原料血浆是指由单采血浆站采集的专用于血液制品生产原料的血浆。国家实行单采血浆站统一规划、设置的制度。

（一）单采血浆站的设置

国务院卫生健康主管部门根据核准的全国生产用原料血浆的需求，对单采血浆站的布局、数量和规模制定总体规划。省、自治区、直辖市人民政府卫生健康主管部门根据总体规划制定本行政区域内单采血浆站设置规划和采集血浆的区域规划，并报国务院卫生健康主管部门备案。

单采血浆站由血液制品生产单位设置或者由县级人民政府卫生健康主管部门设置，专门从事单采血浆活动，具有独立法人资格。其他任何单位和个人不得从事单采血浆活动。

在一个采血浆区域内，只能设置一个单采血浆站。严禁单采血浆站采集非规定区域内的供血浆者和其他人员的血浆。

（二）原料血浆的采集

1. 健康检查　单采血浆站必须对供血浆者进行健康检查；检查合格的，由县级人民政府卫生健康主管部门核发《供血浆证》。严禁采集无《供血浆证》者的血浆。

2. 血浆采集　单采血浆站必须使用单采血浆机械采集血浆，严禁手工操作采集血浆。采集的血浆必须按单人份冰冻保存，不得混浆。单采血浆站必须使用有产品批准文号并经国家药品生物制品检定机构逐批检定合格的体外诊断试剂以及合格的一次性采血浆器材。

3. 血浆供应　单采血浆站采集的原料血浆必须按照国家规定的卫生标准和要求进行包装、储存、运输。严禁单采血浆站采集血液或者将所采集的原料血浆用于临床。国家禁止出口原料血浆。

4. 报告制度　单采血浆站应当每半年向所在地的县级人民政府卫生健康主管部门报告有关原料血浆采集情况，同时抄报相关的卫生健康主管部门。省、自治区、直辖市人民政府卫生健康主管部门应当每年向国务院卫生健康主管部门汇总报告本行政区域内原料血浆的采集情况。

三、血液制品生产经营单位的管理

（一）血液制品生产经营单位的设置

新建、改建或者扩建血液制品生产单位，经国务院卫生健康主管部门根据总体规划进行立项审查同意后，由省、自治区、直辖市人民政府卫生健康主管部门依照《中华人民共和国药品管理法》的规定审核批准。

血液制品生产单位必须达到国务院卫生健康主管部门制定的《药品生产质量管理规范》规定的标准，经国务院卫生健康主管部门审查合格，并依法向工商行政主管部门申领营业执照后，方可从事血液制品的生产活动。

（二）血液制品的生产经营管理

血液制品生产单位生产国内已经生产的品种，必须向国务院卫生健康主管部门申请产品批准文号；血液制品生产单位生产国内尚未生产的品种，必须按照国家有关新药审批的程序和要求申报。

严禁血液制品生产单位出让、出租、出借以及与他人共用《药品生产企业许可证》和产品批准文号。

血液制品生产单位不得向无《单采血浆许可证》的单采血浆站或者未与其签订质量责任书的单采血浆站及其他任何单位收集原料血浆，也不得向其他任何单位供应原料血浆。

血液制品生产单位在原料血浆投料生产前，必须使用有产品批准文号并经国家药品生物制品检定机构逐批检定合格的体外诊断试剂，对每一人份血浆进行全面复检，并做好检测记录。

（三）血液制品的监督管理

县级以上地方各级人民政府卫生健康主管部门负责本行政区域内的单采血浆站、供血浆者、原料血浆的采集及血液制品经营单位的监督管理。

省、自治区、直辖市人民政府卫生健康主管部门负责本行政区域内的血液制品生产单位的监督管理。

国家药品生物制品检定机构及国务院卫生健康主管部门指定的省级药品检验机构，应当依法对血液制品生产单位生产的产品定期进行检定。

第五节　临床用血的管理

工作情景与任务

情景导入：

吴某在当地县人民医院引产后出现大出血，吴某为 RH 阴性 O 型血，县人民医院没有备血，于是将其转入市人民医院救治。

由于吴某为稀有血型，市人民医院向省血液中心求援，血液中心立即取出血液进行解冻。在此过程中，吴某亲属一再要求医院采集他们的血液实施抢救。

请思考：

医疗机构临时采集血液需要满足什么条件？

一、临床用血概念及原则

（一）临床用血的概念

临床用血是指用于临床的全血、成分血。医疗机构不得使用原料血浆。除批准的科研项目外，不得使用脐带血。

（二）临床用血的原则

医疗机构临床用血前应当制订用血计划，遵循合理、科学的原则，不得浪费和滥用血液。

医疗机构应当积极推行按血液成分针对医疗实际需要输血，即首先将采集的血液进行分离，分别储存，然后针对不同患者的不同需要输入血液的不同成分。

国家鼓励临床用血新技术的研究和推广。

二、医疗机构用血的规定

（一）临床用血的供给

医疗机构临床用血，应当使用卫生健康主管部门指定血站提供的血液。

医疗机构应当制订应急用血工作预案。为保证应急用血,医疗机构可以临时采集血液,但必须同时符合以下条件:①危及患者生命,急需输血;②所在地血站无法及时提供血液,且无法及时从其他医疗机构调剂血液,而其他医疗措施不能替代输血治疗;③具备开展交叉配血及乙型肝炎病毒表面抗原、丙型肝炎病毒抗体、艾滋病病毒抗体和梅毒螺旋体抗体的检测能力;④遵守采供血相关操作规程和技术标准。

医疗机构应当在临时采集血液后10日内将情况报告县级以上人民政府卫生健康主管部门。

(二)临床用血的包装、储存、运输

血液的包装、储存、运输应当符合《血站质量管理规范》的要求。

血液包装袋上应当标明:①血站名称及其许可证号;②献血编号或者条形码;③血型;④血液品种;⑤采血日期及时间或者制备日期及时间;⑥有效日期及时间;⑦储存条件。

医疗机构的储血设施应当保证运行有效,储血保管人员应当做好血液储藏温度的24小时监测记录。储血环境应当符合卫生标准和要求。

建立和实施血液运输的管理程序,确保血液在完整的冷链中运输,使血液从采集直至发放到医院的整个过程始终处于所要求的温度范围内。

(三)临床用血的核查

医疗机构接收血站发送的血液后,应当对血袋标签进行核对。血袋标签核对的主要内容如下:①血站的名称;②献血编号或者条形码、血型;③血液品种;④采血日期及时间或者制备日期及时间;⑤有效期及时间;⑥储存条件。

禁止将血袋标签不合格的血液入库。

三、临床输血技术规范

(一)用血申请

医疗机构应当建立临床用血的申请管理制度。

除急救用血外,同一患者一天申请备血量少于800ml的,由具有中级以上专业技术职务任职资格的医师提出申请,上级医师核准签发后,方可备血;同一患者一天申请备血量在800ml至1 600ml的,由具有中级以上专业技术职务任职资格的医师提出申请,经上级医师审核,科室主任核准签发后,方可备血;同一患者一天申请备血量达到或超过1 600ml的,由具有中级以上专业技术职务任职资格的医师提出申请,科室主任核准签发后,报医务部门批准,方可备血。

决定输血治疗前,医师应当向患者或者其近亲属说明输血目的、方式和风险,告知输同种异体血的不良反应和经血液传播疾病的可能性,经患者或家属同意并签署《临床输血治疗知情同意书》后存入病历。因抢救生命垂危的患者需要紧急输血,且不能取得患

者或者其近亲属意见的,经医疗机构负责人或者授权的负责人批准后,可以立即实施输血治疗。

(二)受血者血样采集与送检

确定输血后,医护人员持输血申请单和贴好标签的试管,当面核对患者姓名、性别、年龄、病案号、病室/门诊、床号、血型和诊断,采集血样,并由医护人员或专门人员及时将受血者血样与输血申请单送交输血科(血库),双方进行逐项核对。

受血者配血实验的血标本必须是输血前3天之内的。

(三)发血

配血合格后,由医护人员到输血科(血库)取血。取血与发血的双方必须共同查对患者姓名、性别、病案号、门急诊/病室、床号、血型、有效期、配血实验结果以及保存血的外观等,准确无误时,双方共同签字后方可发出。

凡血袋有下列情形之一的,一律不得发出:①标签破损、字迹不清;②血袋有破损、漏血;③血液中有明显凝块;④血浆呈乳糜状或暗灰色;⑤血浆中有明显气泡、絮状物或粗大颗粒;⑥未动摇时血浆层与红细胞的界面不清或交界面上出现溶血;⑦红细胞层呈紫红色;⑧过期或其他须查证的情况。

血液发出后,受血者和供血者的血样保存于2~6℃冰箱,至少7天,以便对输血不良反应追查原因。血液发出后不得退回。

(四)输血

输血前由两名医护人员核对交叉配血报告单及血袋标签各项内容,检查血袋有无破损渗漏,血液颜色是否正常,准确无误方可输血。核对无误后,由两名医护人员带病历共同到患者床边核对患者姓名、性别、年龄、病案号、病室/门诊、床号、血型等,确认与配血报告相符,再次核对血液后,用符合标准的输血器进行输血。

取回的血应尽快输用,不得自行储血。输血过程中应先慢后快,再根据病情和年龄调整输注速度,并严密观察受血者有无输血不良反应,如出现异常情况应及时处理。

输血前将血袋内的成分轻轻混匀,避免剧烈震荡。血液内不得加入其他药物,如需稀释,只能使用静脉注射生理盐水。输血前后用静脉注射生理盐水冲洗输血管道。连续输用不同供血者的血液时,前一袋血输尽后,用静脉注射生理盐水冲洗输血器,再接下一袋血继续输注。

输血完毕后,医护人员将输血记录单(交叉配血报告单)贴在病历中,并将血袋送回输血科(血库)至少保存1天。

四、临床用血费用

公民临床用血时只交付用于血液的采集、储存、分离、检验等血液从采集到提供临床用血的一切消耗成本费用。具体收费标准由国务院卫生健康主管部门会同国务院价格上管部门制定。

无偿献血者临床需要用血时，免交上述费用。无偿献血者的配偶和直系亲属临床需要用血时，可以按照省、自治区、直辖市人民政府的规定免交或者减交上述费用。2019年我国在全国范围内开展了无偿献血者及其亲属省内用血费用直接减免的工作。

第六节　法　律　责　任

无偿献血是一种高尚的行为，应当得到社会的肯定和褒扬。但是对违反《中华人民共和国献血法》有关规定的情形，视情节轻重，分别承担行政责任、民事责任和刑事责任。

一、行　政　责　任

有下列行为之一的，由县级以上人民政府卫生健康主管部门予以取缔，没收违法所得，可以并处10万元以下罚款：①非法采集血液的；②血站、医疗机构出售无偿献血的血液的；③非法组织他人出卖血液的。

血站违反有关操作规程和制度采集血液，由县级以上地方人民政府卫生健康主管部门责令改正；给献血者健康造成损害的，对直接责任的主管人员和其他直接责任人员，依法给予行政处分。

血站违反《中华人民共和国献血法》规定，向医疗机构提供不合格血液的，由县级以上地方人民政府卫生健康主管部门责令改正；情节严重，造成经血液途径传播的疾病传播或者有传播危险的，限期整顿，对直接责任的主管人员和其他直接责任人员，依法给予行政处分。

医疗机构违反《中华人民共和国献血法》规定，将不符合卫生标准的血液用于患者，给患者造成损害的，对直接责任的主管人员和其他直接责任人员，依法给予行政处分。

二、民　事　责　任

血站违反有关操作规程和制度采集血液，给献血者健康造成损害的；医疗机构的医务人员违反《中华人民共和国献血法》规定，将不符合国家规定标准的血液用于患者，给患者健康造成损害的，应当依法赔偿。

三、刑　事　责　任

有下列行为之一，构成犯罪的，依法追究刑事责任：①非法采集血液的；②血站、医疗机构出售无偿献血的血液的；③非法组织他人出卖血液的。

血站违反有关操作规程和制度采集血液,构成犯罪的,依法追究刑事责任。

血站违反《中华人民共和国献血法》规定向医疗机构提供不合格血液,构成犯罪的,依法追究刑事责任。

医疗机构的医务人员违反《中华人民共和国献血法》规定将不符合卫生标准的血液用于患者,给患者健康造成损害,构成犯罪的,依法追究刑事责任。

卫生健康主管部门及其工作人员在献血、用血监督管理工作中,玩忽职守,造成严重后果,构成犯罪的,依法追究刑事责任。

本章小结

　　本章学习重点是我国无偿献血制度的相关规定、采供血和原料血浆的管理规定、违反献血法律制度需要承担的责任。学习难点是采供血管理、医疗机构用血规定及临床输血技术规范。在学习过程中,要注重法治意识和法治素养的养成,提升运用法治思维分析、解决相关问题的能力。

(韩春园)

? 思考与练习

1. 无偿献血主体应符合什么条件?

2. 出现哪些情形对血站不予执业登记?

3. 医疗机构临时采集血液,必须符合什么条件?

第七章 | 母婴保健法律制度

学习目标

1. 具有依法执业的良好行为习惯和医疗安全意识。
2. 掌握母婴保健技术服务内容;婚前保健;孕产期保健;新生儿疾病筛查;婴儿保健。
3. 熟悉母婴保健医学技术鉴定;母婴保健监管。
4. 了解母婴保健法概念、适用范围;母婴保健法制建设;违反母婴保健法的法律责任。
5. 学会运用所学知识开展母婴保健服务工作和母婴保健法律法规宣传教育。

保障母亲和儿童的健康权利是全世界各国共同关心的社会问题。在我国,保障妇女儿童的合法权益和身心健康,一直受到党和政府的高度重视。中华人民共和国成立以来,国家颁布实施了相关法律法规,以立法的形式,保障我国妇幼保健事业得到了较快的发展。

第一节 概 述

一、母婴保健法律制度建设

1994年10月27日,第八届全国人民代表大会常务委员会第十次会议通过了《中华人民共和国母婴保健法》,自1995年6月1日起施行。之后,第十一届全国人民代表大会常务委员会于2009年8月27日、第十二届全国人民代表大会常务委员会第三十次会议于2017年11月4日,对《中华人民共和国母婴保健法》进行2次修正。

2001年6月20日,国务院令第308号公布实施了《中华人民共和国母婴保健法实施办法》。2017年11月17日,国务院对其进行修订。

二、母婴保健法的概念、调整对象及立法意义

（一）母婴保健法的概念

母婴保健法是指由各级立法机关制定的调整在保障母亲和婴儿健康、提高出生人口素质活动中产生的各种社会关系的法律规范的总称。它泛指《中华人民共和国母婴保健法》《中华人民共和国母婴保健法实施办法》及与其相配套的法规、规章和规范性文件。

（二）母婴保健法的调整对象

母婴保健法的调整对象既包括从事母婴保健服务活动的机构及其人员，也包括母婴保健服务的对象和当事人。

（三）母婴保健法的立法意义

《中华人民共和国母婴保健法》是中华人民共和国成立以来的第一部保护妇女儿童的法律，是保障下一代健康、强化妇幼保健工作的重要立法，是提高出生人口素质和促进经济繁荣、家庭幸福、社会进步的重要法律。

三、母婴保健法的适用范围

（一）育龄妇女、孕产妇和新生儿

母婴保健法引导育龄妇女、孕产妇和新生儿主动按医疗保健人员的建议自觉地接受婚前保健、孕产期保健和新生儿疾病筛查等保健服务，保障他们的合法权益。

（二）医疗保健机构及其工作人员

医疗保健机构及其工作人员是法律适用范围的主体部分，母婴保健法规定了医务人员的任务、职责、职能及应承担的法律责任。

（三）地方各级人民政府和卫生健康主管部门

母婴保健法明确规定了各级人民政府在母婴保健工作中的领导职责，确立了各级卫生健康主管部门是执法的管理机构。

第二节　母婴保健技术服务

一、母婴保健技术服务内容

公民依法享有母婴保健知情选择权。国家保障公民获得适宜的母婴保健服务的权利。母婴保健技术服务主要包括以下事项：①有关母婴保健的科普宣传、教育和咨询；②婚前医学检查；③产前诊断和遗传病诊断；④助产技术；⑤实施医学上需要的节育手术；⑥新生儿疾病筛查；⑦有关生育、节育、不育的其他生殖保健服务。

二、婚前保健

婚前保健服务是指对准备结婚的男女双方，在结婚登记前所进行的婚前卫生指导、婚前卫生咨询和婚前医学检查。医疗保健机构应当为公民提供婚前保健服务，对准备结婚的男女双方提供与结婚和生育有关的生殖健康知识，并根据需要提出医学指导意见。

（一）婚前保健服务内容

1. 婚前卫生指导　是指对准备结婚的男女双方进行的以生殖健康为核心，与结婚和生育有关的保健知识的宣传教育。婚前卫生指导主要包括：①有关性卫生的保健和教育；②新婚避孕知识及计划生育指导；③受孕前的准备、环境和疾病对后代影响等孕前保健知识；④遗传病的基本知识；⑤影响婚育的有关疾病的基本知识；⑥其他生殖健康知识。

2. 婚前卫生咨询　是指受过专业培训的医师为服务对象提供科学的信息，对有关婚配、生育保健等问题提供医学意见，就婚育不当可能产生的后果进行说明，并提出适当的建议，以帮助其做出合适的决定。

3. 婚前医学检查　是指医疗保健机构对准备结婚的男女双方可能患影响结婚和生育的疾病进行的医学检查。

（二）婚前医学检查

1. 承担机构　婚前医学检查由县级以上妇幼保健院或经设区的市级以上卫生健康主管部门指定的医疗机构承担，不宜生育的严重遗传性疾病的诊断由省级卫生健康主管部门指定的医疗保健机构负责。医疗保健机构对婚前医学检查不能确诊的，应当转诊；当事人也可以到卫生健康主管部门许可的医疗保健机构进行确诊。

2. 检查内容　婚前医学检查的项目有询问病史、体格检查、生殖器及第二性征检查。检查的疾病主要包括严重遗传性疾病、指定传染病、有关精神病和其他与婚育有关的疾病。

3. 出具证明　经婚前医学检查，医疗保健机构应当向接受婚前医学检查的当事人出具《婚前医学检查证明》，并应列明是否发现下列疾病：

（1）严重遗传性疾病：是指由于遗传因素先天形成，患者全部或者部分丧失自主生活能力，后代再现风险高，医学上认为不宜生育的遗传性疾病。

（2）指定传染病：是指《中华人民共和国传染病防治法》中规定的艾滋病、淋病、梅毒、麻风病以及医学上认为影响结婚和生育的其他传染病。

（3）有关精神病：是指精神分裂症、躁狂抑郁型精神病以及其他重型精神病。

（4）医学上认为不宜结婚的其他疾病：如重要脏器疾病和生殖系统疾病等。

4. 给出意见　经婚前医学检查，医师应根据不同的检查结果给出不同的医学意见。

（1）建议不宜结婚：双方为直系血亲、三代以内旁系血亲关系，以及医学上认为不宜结婚的疾病,如发现一方或双方患有重度、极重度智力低下,不具有婚姻意识能力;重型精神病,在病情发作期有攻击危害行为的,注明"建议不宜结婚"。

（2）建议不宜生育:发现医学上认为不宜生育的严重遗传性疾病或其他重要脏器疾病,以及医学上认为不宜生育的疾病,注明"建议不宜生育"。

（3）建议暂缓结婚:发现指定传染病在传染期内、有关精神病在发病期内或其他医学上认为应暂缓结婚的疾病,注明"建议暂缓结婚"。

（4）可以结婚:未发现上述第（1）、（2）、（3）类情况,为婚检时法定允许结婚的情形,注明"未发现医学上不宜结婚的情形"。

三、孕产期保健

孕产期保健是指医疗保健机构为育龄妇女和孕产妇提供的母婴保健指导、孕产妇保健、胎儿保健、新生儿保健等孕产期的保健服务。孕产期保健服务期限一般为怀孕开始至产后42天。

（一）孕前保健

孕前保健是指为准备妊娠的夫妇提供以健康教育与咨询、孕前医学检查、健康状况评估和健康指导为主要内容的系列保健服务,主要包括:①生理和心理健康知识;②有关生育的基本知识;③生活方式、孕前及孕期运动方式、饮食营养和环境因素等对生命的影响;④出生缺陷及遗传性疾病的防治等。

生育过严重遗传性疾病或者严重缺陷患儿的,再次妊娠前,夫妻双方应当按照国家有关规定到医疗保健机构进行医学检查。

（二）孕期保健

孕期保健是指确定妊娠之日开始至临产前,为孕妇及胎儿提供的系列保健服务。医疗保健机构发现孕妇有下列严重疾病或者接触致畸物质,妊娠可能危及孕妇生命安全或者可能严重影响孕妇健康和胎儿正常发育的,应当对孕妇进行医学指导和必要的医学检查:①严重的妊娠合并症或并发症;②严重的精神性疾病;③国务院卫生健康主管部门规定的严重影响生育的其他疾病。

（三）产前诊断

产前诊断是指对胎儿进行先天性缺陷和遗传性疾病的诊断。医疗机构发现孕妇有下列情形之一的,应对其进行产前诊断:①羊水过多或过少;②胎儿发育异常或胎儿有可疑畸形;③孕早期接触过可能导致胎儿先天缺陷的物质;④有遗传病家族史或曾经分娩过先天性严重缺陷的婴儿;⑤初产妇年龄超过35周岁。

（四）产时保健

产时保健是保护母婴健康的重要环节。医师和助产人员应当遵守有关操作规程,提高助产技术和服务质量,采取积极对策,减少产后出血,努力降低孕产妇死亡率,熟练掌握新生儿复苏技术,提高住院分娩率,完善产科制度,不断提高产科质量,预防和减少产伤。

（五）终止妊娠

经产前诊断,有下列情形之一的,医师应当向夫妻双方说明情况,并提出终止妊娠的医学意见:①胎儿患有严重遗传性疾病的;②胎儿有严重缺陷的;③因患严重疾病,继续妊娠可能危及孕妇生命安全或者严重危害孕妇健康的。

终止妊娠应经本人同意并签署意见。本人无行为能力的,应经其监护人同意并签署意见。依照《中华人民共和国母婴保健法》实施终止妊娠的,接受免费服务。

（六）新生儿出生医学证明

医疗保健机构按照国务院卫生健康主管部门的规定,出具统一制发的新生儿出生医学证明;有产妇和婴儿死亡以及新生儿出生缺陷情况的,应当向卫生健康主管部门报告。《出生医学证明》是新生儿申报户口的证明文件之一。

（七）胎儿性别鉴定

严禁采用技术手段进行非医学需要的胎儿性别鉴定。对怀疑胎儿可能为伴性遗传病,需要进行性别鉴定的,由省级卫生健康主管部门指定的医疗保健机构按照卫生健康主管部门的规定进行鉴定。实施医学需要的胎儿性别鉴定,应当由实施机构3人以上的专家集体审核。

四、新生儿疾病筛查

（一）新生儿疾病筛查概念

新生儿疾病筛查是指在新生儿期对严重危害新生儿健康的先天性、遗传性疾病施行专项检查,提供早期诊断和治疗的母婴保健技术。

（二）筛查病种

全国新生儿疾病筛查病种包括:①先天性甲状腺功能减退症;②苯丙酮尿酸症等新生儿遗传代谢病;③听力障碍。

（三）筛查原则和程序

1. 原则　新生儿疾病筛查遵循自愿和知情选择的原则。医疗机构在实施新生儿疾病筛查前,应当将新生儿疾病筛查的项目、条件、方式、灵敏度和费用等情况如实告知新生儿的监护人,并取得签字同意。

2. 程序　新生儿遗传代谢病筛查程序包括血片采集、送检、实验室检测、阳性病例确诊和治疗等。新生儿听力筛查程序包括初筛、复筛、阳性病例确诊和治疗等。

（四）筛查机构及工作要求

1. 筛查机构　省、自治区、直辖市人民政府卫生健康主管部门应当根据本行政区域的实际情况,制定本地区新生儿遗传代谢病筛查中心和新生儿听力筛查中心(以下统称为新生儿疾病筛查中心）设置规划，指定具备相应能力的医疗机构为本行政区域新生儿疾病筛查中心。

2. 工作要求　新生儿疾病筛查中心应开展以下工作：①开展新生儿遗传代谢病筛查的实验室检测、阳性病例确诊和治疗或者听力筛查阳性病例确诊、治疗；②掌握本地区新生儿疾病筛查、诊断、治疗、转诊情况；③负责本地区新生儿疾病筛查人员培训、技术指导、质量管理和相关的健康宣传教育；④承担本地区新生儿疾病筛查有关信息的收集、统计、分析、上报和反馈工作。

新生儿疾病筛查中心发现新生儿遗传代谢病阳性病例、疑似听力障碍病例时，应当及时通知新生儿监护人进行确诊。

五、婴　儿　保　健

（一）婴儿的疾病预防与控制

医疗保健机构应当按照国家有关规定开展新生儿先天性疾病、遗传代谢病筛查、诊断、治疗和监测；进行新生儿访视，建立儿童保健手册（卡）；定期对新生儿进行健康检查；提供有关预防疾病、合理膳食、促进智力发育等的科学知识；做好婴儿多发病、常见病防治等医疗保健服务。

（二）推行母乳喂养

国家推行母乳喂养。医疗保健机构应当为实施母乳喂养的产妇提供技术指导，为住院分娩的产妇提供必要的母乳喂养条件，不得向孕产妇和婴儿家庭宣传、推荐母乳代用品。

妇女享有国家规定的产假，有不满1周岁婴儿的妇女，所在单位应当在劳动时间内为其安排一定的哺乳时间。

六、母婴保健医学技术鉴定

（一）母婴保健医学技术鉴定的概念

母婴保健医学技术鉴定是指接受母婴保健服务的公民或提供母婴保健服务的医疗保健机构，对婚前医学检查、遗传病诊断和产前诊断结果或医学技术鉴定结论持有异议所进行的医学技术鉴定。

（二）母婴保健医学技术鉴定机构

1. 设立母婴保健医学技术鉴定委员会　县级以上地方人民政府可以设立母婴保健医学技术鉴定委员会，负责对本行政区域内有异议的婚前医学检查、遗传病诊断、产前诊断结果和有异议的下一级医学技术鉴定结论进行医学技术鉴定。母婴保健医学技术鉴定委员会分为省、市、县三级。

2. 母婴保健医学技术鉴定委员会成员组成　医学技术鉴定人员应具有较丰富的临床经验和医学遗传学知识。县级鉴定委员会委员应具有主治医师以上的专业技术职务，设区的市级和省级鉴定委员会成员应具有副主任医师以上专业技术职务。医学技术鉴定委员会的组成人员，由卫生健康主管部门提名，同级人民政府聘任。

（三）母婴保健医学技术鉴定的程序

1. 提出鉴定申请　当事人对婚前医学检查、遗传病诊断、产前诊断的结果有异议，需要进一步确诊的，可以在接到检查或诊断结果之日起 15 日内向所在地县级或设区的市级母婴保健医学技术鉴定委员会提出书面鉴定申请。

2. 鉴定要求　母婴保健医学技术鉴定委员会应当自接到鉴定申请之日起 30 日内做出医学技术鉴定意见，并及时通知当事人。当事人对鉴定意见有异议的，可自接到医学技术鉴定通知书之日起 15 日内，向上一级母婴保健医学技术鉴定委员会申请再鉴定。省级母婴保健医学技术鉴定委员会的鉴定为最终鉴定结论。

医学技术鉴定委员会进行医学技术鉴定时必须有 5 名以上相关专业医学技术鉴定委员会成员参加。医学技术鉴定实行回避制度。凡与当事人有利害关系，可能影响公正鉴定的人员，应当回避。

第三节　母婴保健监管

一、机构和人员的执业许可

（一）机构的执业许可

1. 取得执业许可　医疗保健机构依法开展婚前医学检查、遗传病诊断、产前诊断以及施行结扎手术和终止妊娠手术的，必须符合国务院卫生健康主管部门规定的条件和技术标准，并经县级以上地方人民政府卫生健康主管部门许可。具体许可权限：①从事遗传病诊断、产前诊断的医疗保健机构，须经省、自治区、直辖市人民政府卫生健康主管部门许可；②从事婚前医学检查的医疗保健机构，须经设区的市级人民政府卫生健康主管部门许可；③从事助产技术服务、结扎手术和终止妊娠手术的医疗保健机构，须经县级人民政府卫生健康主管部门许可。

2. 具备相应条件　开展母婴保健技术服务的机构，必须具备下列条件：①符合当地医疗保健机构设置规划；②取得《医疗机构执业许可证》；③符合《母婴保健专项技术服务基本标准》；④符合审批机关规定的其他条件。

从事婚前医学检查的机构，应具备以下条件：①分别设置专用的男女婚前医学检查室，配备常规检查和专科检查设备；②设置婚前生殖健康宣传教育室；③具有符合条件的进行男、女婚前医学检查的执业医师。经设区的市级人民政府卫生健康主管部门进行审查；符合条件的，在其《医疗机构执业许可证》上注明。

（二）人员的执业许可

1. 经许可和考核取得相应合格证书　依法从事母婴保健相关工作的人员，需经过卫生健康主管部门考核，并取得相应的合格证书。具体权限规定：①从事遗传病诊断、产前诊断的人员，须经省、自治区、直辖市人民政府卫生健康主管部门许可和考核，并取得相应的合格证书；②从事婚前医学检查的人员，须经设区的市级人民政府卫生健康主管部门许可和考核，并取得相应的合格证书；③从事助产技术服务、结扎手术和终止妊娠手术的人员，须经县级人民政府卫生健康主管部门许可和考核，并取得相应的合格证书。

2. 遵守法律法规　从事母婴保健工作的人员应当严格遵守医疗卫生管理法律、行政法规、部门规章和诊疗护理规范、常规，遵守职业道德，为当事人保守秘密，具有良好的医德医风。

二、监督管理机构和监督人员

（一）监督管理机构及其职责

1. 国务院卫生健康主管部门及其职责　国务院卫生健康主管部门主管全国母婴保健工作。其主要职责：①执行《中华人民共和国母婴保健法》及其实施办法；②制定《中华人民共和国母婴保健法》及实施办法的配套规章及技术规范；③按照分级分类指导原则制定全国母婴保健工作发展规划和实施步骤；④组织推广母婴保健适宜技术；⑤对母婴保健工作实施监督。

2. 县级以上卫生健康主管部门及其职责　县级以上地方人民政府卫生健康主管部门负责本行政区域内的母婴保健监督管理工作。其主要职责：①依照《中华人民共和国母婴保健法》及其实施办法、国务院卫生健康主管部门规定的条件和技术标准，对从事母婴保健工作的机构和人员实施许可，并核发相应的许可证书；②对《中华人民共和国母婴保健法》及其实施办法的执行情况进行监督检查；③对违反《中华人民共和国母婴保健法》及其实施办法的行为，依法给予行政处罚；④负责母婴保健工作监督管理的其他事项。

（二）监督员职责

县级以上地方人民政府卫生健康主管部门可以设立母婴保健监督员。其主要职责：①监督检查《中华人民共和国母婴保健法》及其实施办法的执行情况；②对违反《中华人民共和国母婴保健法》及其实施办法的单位和个人提出处罚意见；③对母婴保健工作提出改进的建议；④完成卫生健康主管部门交给的其他监督管理任务。

第四节 法律责任

一、擅自从事母婴保健技术服务的法律责任

《中华人民共和国母婴保健法》规定，未取得国家颁发的有关资格证书，有下列行为之一的，县级以上地方人民政府卫生健康主管部门应当予以制止，并可根据情节给予警告或者处以罚款：①从事婚前医学检查、遗传病诊断或医学技术鉴定的；②施行终止妊娠手术的；③出具法律规定的有关医学证明的。同时，违法出具的医学证明无效。

《中华人民共和国母婴保健法实施办法》规定，医疗保健机构或者人员未取得母婴保健技术许可，擅自从事婚前医学检查、遗传病诊断、产前诊断、终止妊娠手术和医学技术鉴定或者出具有关医学证明的，由卫生健康主管部门给予警告，责令停止违法行为，没收违法所得；违法所得 5 000 元以上的，并处违法所得 3 倍以上 5 倍以下的罚款；没有违法所得或者违法所得不足 5 000 元的，并处 5 000 元以上 2 万元以下的罚款。

二、出具虚假医学证明文件的法律责任

从事母婴保健技术服务的人员出具虚假医学证明文件的，依法给予行政处分；有下列情形之一的，由原发证部门撤销相应的母婴保健技术执业资格或者医师执业证书：①因延误诊治，造成严重后果的；②给当事人身心健康造成严重后果的；③造成其他严重后果的。

三、违反规定进行胎儿性别鉴定的法律责任

违反《中华人民共和国母婴保健法》规定进行胎儿性别鉴定的，由卫生健康主管部门给予警告、责令停止违法行为；对医疗保健机构直接负责的主管人员和其他直接责任人员，依法给予行政处分。进行胎儿性别鉴定两次以上的或者以营利为目的进行胎儿性别鉴定的，由原发证机关撤销相应的母婴保健技术执业资格或者医师执业证书。

四、造成医疗损害的法律责任

取得相应资格证书的，在母婴保健工作中，违反医疗卫生管理法律、行政法规、部门规章和诊疗护理规范、常规，或过失造成患者人身损害的，应根据《医疗事故处理条例》的有关规定，承担相应的民事责任；由于严重不负责任，造成就诊人死亡或者严重伤害就诊人身体健康的，依照《中华人民共和国刑法》的相关规定，以医疗事故罪追究刑事责任。

未取得相应资格证书,擅自为他人进行节育复通手术、假节育手术、终止妊娠手术或者摘取宫内节育器的,依照《中华人民共和国刑法》的相关规定,以非法进行节育手术罪追究刑事责任。

本章小结

　　本章学习重点是母婴保健技术服务、婚前保健、孕产期保健、新生儿疾病筛查、婴儿保健法律规定。学习难点为能够运用母婴保健技术服务、母婴保健监管的法律知识开展母婴保健服务工作和母婴保健法律法规宣传教育。学习过程中要注重法治意识和法治素养的养成,提升运用法治思维分析解决相关问题的能力。

（黄丕娅）

？ 思考与练习

1. 哪些情况下医疗机构应当对孕妇进行产前诊断?
2. 新生儿疾病筛查原则和程序是什么?
3. 擅自从事母婴保健技术服务应承担什么责任?

第八章 医院感染与医疗废物管理及女职工保护法律制度

学习目标

1. 具有依法从业、维护自身权益的法治意识和法治素养。
2. 掌握医院感染的预防与控制；医疗机构对医疗废物的管理；女职工特殊保护。
3. 熟悉医院感染管理的组织管理；医疗废物管理的一般规定；女职工劳动特别保护。
4. 了解医院感染管理的人员培训；医疗废物集中处置；女职工平等劳动权利。
5. 学会运用所学法律知识，正确处理医院感染管理、医疗废物管理、女职工保护中出现的法律问题。

　　随着法治中国建设不断推进、经济社会不断发展，与医院感染、医疗废物、女性职业群体相关的医疗安全、生态环境、健康权益保障等问题，引起了社会普遍关注，得到了党和国家高度重视。国家先后颁布了《医院感染管理办法》《医疗废物管理条例》《中华人民共和国妇女权益保障法》《女职工劳动保护特别规定》等，以法律法规的形式对上述问题进行明确和规范。这些法律法规，是我们从事相关工作的根本遵循，也是维护个人权益的法律武器。

第一节　医院感染管理法律制度

工作情景与任务

情景导入：

　　某县开展医院感染专项检查，发现县人民医院的医院感染管理部门设在医务科，配备了4名专职人员，其中医师1名、护士2名、药师1名。

请思考：
1. 医院感染管理机构的设置是否合理？为什么？
2. 医院感染管理人员的配备是否合理？为什么？

医院感染是指住院患者在医院内获得的感染，包括在住院期间发生的感染和在医院内获得出院后发生的感染，但不包括入院前已开始或者入院时已处于潜伏期的感染。医院工作人员在医院内获得的感染也属医院感染。

医院感染管理是指各级卫生健康主管部门、医疗机构及医务人员针对诊疗活动中存在的医院感染、医源性感染及相关的危险因素进行的预防、诊断和控制活动。

2000年11月30日，卫生部颁布了《医院感染管理规范（试行）》。2006年6月15日，卫生部部务会议讨论通过《医院感染管理办法》。2006年7月6日，卫生部令第48号发布了《医院感染管理办法》，自2006年9月1日起施行。《医院感染管理办法》的发布实施，为加强医院感染管理、有效预防和控制医院感染、提高医疗质量、保证医疗安全提供了法律法规依据。

一、组 织 管 理

医疗机构应当按照有关规定，结合实际情况，建立完善制度，设立管理机构，为医院感染的预防与控制工作提供制度和组织保障。

（一）建立落实制度规范
各级各类医疗机构应当建立医院感染管理责任制，制定并落实医院感染管理的规章制度和工作规范，严格执行有关技术操作规范和工作标准，有效预防和控制医院感染，防止传染病病原体、耐药菌、条件致病菌及其他病原微生物的传播。

（二）设立管理机构
住院床位总数在100张以上的医院，应当设立医院感染管理委员会和独立的医院感染管理部门。住院床位总数在100张以下的医院，应当指定分管医院感染管理工作的部门。其他医疗机构应当有医院感染管理专（兼）职人员。

（三）医院感染管理委员会组成
医院感染管理委员会由医院感染管理部门、医务部门、护理部门、临床科室、消毒供应室、手术室、临床检验部门、药事管理部门、设备管理部门、后勤管理部门及其他有关部门的主要负责人组成，主任委员由医院院长或者主管医疗工作的副院长担任。

二、预防与控制

医疗机构应当按照有关医院感染管理的规章制度和技术规范，加强医院感染的预防与控制工作。

（一）严格消毒

医疗机构应当按照《消毒管理办法》，严格执行医疗器械、器具的消毒工作技术规范，并达到以下要求：①进入人体组织、无菌器官的医疗器械、器具和物品必须达到灭菌水平；②接触皮肤、黏膜的医疗器械、器具和物品必须达到消毒水平；③各种用于注射、穿刺、采血等有创操作的医疗器具必须一用一灭菌。

（二）制订具体措施

医疗机构应当制订具体措施，保证医务人员的手卫生、诊疗环境条件、无菌操作技术和职业卫生防护工作符合规定要求，对医院感染的危险因素进行控制；应当制订医务人员职业卫生防护工作的具体措施，提供必要的防护物品，保障医务人员的职业健康；应当严格按照《抗菌药物临床应用指导原则》，加强抗菌药物临床使用和耐药菌监测管理；应当严格执行隔离技术规范，根据病原体传播途径，采取相应的隔离措施。

（三）做好监测

医疗机构应当按照医院感染诊断标准及时诊断医院感染病例，建立有效的医院感染监测制度，分析医院感染的危险因素，并针对导致医院感染的危险因素，实施预防与控制措施。

（四）规范报告

医疗机构经调查证实发生以下情形时应当于 12 小时内向所在地的县级地方人民政府卫生健康主管部门报告，并同时向所在地疾病预防控制机构报告：①5 例以上医院感染暴发；②由于医院感染暴发直接导致患者死亡；③由于医院感染暴发导致 3 人以上人身损害后果。所在地的县级地方人民政府卫生健康主管部门确认后，应当于 24 小时内逐级上报至省级人民政府卫生健康主管部门。省级人民政府卫生健康主管部门审核后，应当在 24 小时内上报至国家卫生健康委员会。

医疗机构发生以下情形时，应当按照《国家突发公共卫生事件相关信息报告管理工作规范（试行）》的要求进行报告：①10 例以上的医院感染暴发事件；②发生特殊病原体或者新发病原体的医院感染；③可能造成重大公共影响或者严重后果的医院感染。

三、人 员 培 训

卫生健康主管部门和医疗机构应当采取多种措施，加强相关学科建设，抓好人员培训，提高相关人员的业务水平和工作能力。

（一）卫生健康主管部门和医疗机构

卫生健康主管部门和医疗机构应当重视医院感染管理的学科建设，建立专业人才培养制度，充分发挥医院感染专业技术人员在预防和控制医院感染工作中的作用。

省级人民政府卫生健康主管部门应当建立医院感染专业人员岗位规范化培训和考核

制度,加强继续教育,提高医院感染专业人员的业务技术水平。

(二) 医疗机构

医疗机构应当制订本机构工作人员的培训计划,对全体工作人员进行医院感染相关法律法规、医院感染管理相关工作规范和标准、专业技术知识的培训。

(三) 有关人员

1. 医院感染专业人员 应当具备医院感染预防与控制工作的专业知识,并能够承担医院感染管理和业务技术工作。

2. 医务人员 应当掌握与本职工作相关的医院感染预防与控制方面的知识,落实医院感染管理规章制度、工作规范和要求。

3. 工勤人员 应当掌握有关预防和控制医院感染的基础卫生学和消毒隔离知识,并在工作中正确运用。

第二节 医疗废物管理法律制度

📖 **工作情景与任务**

情景导入:

护士王某将使用后的注射器、输液器、玻璃安瓿、输液瓶,连同纸箱子一起卖给了废品回收站。

请思考:

1. 王某的行为违反了什么法律? 需要承担何种责任?

2. 正确的做法是怎样的?

2003 年 6 月 4 日,国务院第十次常务会议审议通过了《医疗废物管理条例》。2003 年 6 月 16 日,中华人民共和国国务院令第 380 号予以公布施行。根据 2011 年 1 月 8 日《国务院关于废止和修订部分行政法规的决定》进行了修订。《医疗废物管理条例》的公布施行,为加强医疗废物的安全管理、防止疾病传播、保护环境、保障人体健康提供了法律依据。

医疗废物是指医疗卫生机构在医疗、预防、保健以及其他相关活动中产生的具有直接或者间接感染性、毒性以及其他危害性的废物。

⚙️ **知识窗**

医疗废物分类

2021 年 11 月,国家卫生健康委员会和生态环境部发布了《医疗废物分类目录(2021 年版)》。医疗废物分为五类:①感染性废物是指携带病原微生物具有引发感染性疾病传播危险的医疗废物；②损伤性废物是指能够刺伤或者割伤人体的废弃的医用锐器；③病理性废物是指诊疗过程中产生的人体废弃物和医学实验动物尸体等；④药物性废物是指过期、淘汰、变质或者被污染的废弃的药物；⑤化学性废物是指具有毒性、腐蚀性、易燃性、反应性的废弃的化学物品。

一、医疗废物管理的一般规定

（一）处置原则

国家推行医疗废物集中无害化处置，禁止任何单位和个人转让、买卖医疗废物，鼓励有关医疗废物安全处置技术的研究与开发。

（二）管理责任制

医疗卫生机构和医疗废物集中处置单位，应当建立、健全医疗废物管理责任制，其法定代表人为第一责任人，切实履行职责，防止因医疗废物导致传染病传播和环境污染事故。应当制订与医疗废物安全处置有关的规章制度和在发生意外事故时的应急方案；设置监控部门或者专（兼）职人员，负责检查、督促、落实本单位医疗废物的管理工作，防止违反《医疗废物管理条例》的行为发生。

（三）培训与防护

医疗卫生机构和医疗废物集中处置单位，应当对本单位从事医疗废物收集、运送、贮存、处置等工作的人员和管理人员，进行相关法律和专业技术、安全防护以及紧急处理等知识的培训。应当采取有效的职业卫生防护措施，为从事医疗废物收集、运送、贮存、处置等工作的人员和管理人员，配备必要的防护用品，定期进行健康检查；必要时，对有关人员进行免疫接种，防止其受到健康损害。

（四）登记制度

医疗卫生机构和医疗废物集中处置单位，应当对医疗废物进行登记，登记内容应当包括医疗废物的来源、种类、重量或者数量、交接时间、处置方法、最终去向以及经办人签名等项目。登记资料至少保存3年。

（五）规范运输

医疗卫生机构和医疗废物集中处置单位，应当依照《中华人民共和国固体废物污染环境防治法》的规定，执行危险废物转移联单管理制度。应当采取有效措施，防止医疗废物流失、泄漏、扩散。禁止在运送过程中丢弃医疗废物；禁止在非贮存地点倾倒、堆放医疗废物或者将医疗废物混入其他废物和生活垃圾。

（六）禁止运输方式

以下运输方式必须禁止：①禁止邮寄医疗废物；②禁止通过铁路、航空运输医疗废物；③有陆路通道的，禁止通过水路运输医疗废物；没有陆路通道必须经水路运输医疗废物的，应当经设区的市级以上人民政府生态环境主管部门批准，并采取严格的环境保护措施后,方可通过水路运输;④禁止将医疗废物与旅客在同一运输工具上载运;⑤禁止在饮用水源保护区的水体上运输医疗废物。

二、医疗卫生机构对医疗废物的管理

(一)及时收集

医疗卫生机构应当及时收集本单位产生的医疗废物,并按照类别分置于防渗漏、防锐器穿透的专用包装物或者密闭的容器内。医疗废物专用包装物、容器,应当有明显的警示标识和警示说明。

(二)暂时贮存

医疗卫生机构应当建立医疗废物的暂时贮存设施、设备,不得露天存放医疗废物。医疗废物的暂时贮存设施、设备,应当远离医疗区、食品加工区和人员活动区以及生活垃圾存放场所,并设置明显的警示标识和防渗漏、防鼠、防蚊蝇、防蟑螂、防盗以及预防儿童接触等安全措施。

医疗废物暂时贮存的时间不得超过 2 天。

(三)准确运送

医疗卫生机构应当使用防渗漏、防遗撒的专用运送工具,按照本单位确定的内部医疗废物运送时间、路线,将医疗废物收集、运送至暂时贮存地点。应当根据就近集中处置的原则,及时将医疗废物交由医疗废物集中处置单位处置。

(四)特殊情形

医疗废物中病原体的培养基、标本和菌种、毒种保存液等高危险废物,在交医疗废物集中处置单位处置前应当就地消毒。医疗卫生机构收治的传染病病人或者疑似传染病病人产生的生活垃圾,按照医疗废物进行管理和处置。医疗卫生机构产生的污水、传染病病人或者疑似传染病病人的排泄物,应当按照国家规定严格消毒,达到国家规定的排放标准后,方可排入污水处理系统。

(五)自行处置

不具备集中处置医疗废物条件的农村,医疗卫生机构应当按照县级人民政府卫生健康主管部门、生态环境主管部门的要求,自行就地处置其产生的医疗废物。自行处置医疗废物的,应当符合下列基本要求:①使用后的一次性医疗器具和容易致人损伤的医疗废物,应当消毒并做毁形处理;②能够焚烧的,应当及时焚烧;③不能焚烧的,消毒后集中填埋。

三、医疗废物的集中处置

(一)经营许可

从事医疗废物集中处置活动的单位,应当向具级以上人民政府生态环境主管部门申请领取经营许可证。未取得经营许可证的单位，不得从事有关医疗废物集中处置的活动。

医疗废物集中处置单位，应当符合下列条件：①具有符合生态环境和卫生健康要求的医疗废物贮存、处置设施或者设备；②具有经过培训的技术人员以及相应的技术工人；③具有负责医疗废物处置效果检测、评价工作的机构和人员；④具有保证医疗废物安全处置的规章制度。

（二）规范运送

医疗废物集中处置单位应当至少每2天到医疗卫生机构收集、运送一次医疗废物，并负责医疗废物的贮存、处置。

医疗废物集中处置单位运送医疗废物，应当遵守国家有关危险货物运输管理的规定，使用有明显医疗废物标识的专用车辆，运送过程中应当确保安全，不得丢弃、遗撒医疗废物。运送医疗废物的专用车辆不得运送其他物品，应当达到防渗漏、防遗撒以及其他生态环境和卫生健康要求。

（三）设施要求

医疗废物集中处置单位的贮存、处置设施，应当远离居（村）民居住区、水源保护区和交通干道，与工厂、企业等工作场所有适当的安全防护距离。应当安装污染物排放在线监控装置，并确保监控装置处于正常运行状态。定期对医疗废物处置设施的环境污染防治和卫生学效果进行检测、评价。每半年向所在地生态环境主管部门和卫生健康主管部门报告一次检测、评价结果。

第三节　女职工劳动保护法律制度

工作情景与任务

情景导入：

张某休产假3个月，接到公司通知，因人员不够，必须回公司上班，公司给予每天1小时哺乳时间，否则公司将解除其劳动合同。

请思考：

1. 该公司的做法是否违法？为什么？

2. 张某该如何维护自己的权益？

为了保护妇女的合法权益、女职工的身心健康及其子女的健康发育和成长，国家相继颁布实施了一系列法律法规。1986年5月30日，卫生部、劳动人事部以及全国总工会、全国妇联联合发布了《女职工保健工作暂行规定（试行草案）》，1993年11月26日修改为《女职工保健工作规定》，并于2011年11月26日进行了修订。1988年7月21日，国务院发布实施了《女职工劳动保护规定》，2012年4月18日修改为《女职工劳动保护特别规定》，2012 年 4 月 28 日公布实施。1992 年 4 月 3 日，七届人大五次会议通过了《中华人民共和国妇女权益保障法》，2005 年 8 月 28 日进行了全面修改，2018 年 10 月 26 日修改了 1 处。

一、享有平等劳动权利

国家保障妇女享有与男子平等的劳动权利和社会保障权利。

（一）平等录用

各单位在录用职工时，除不适合妇女的工种或者岗位外，不得以性别为由拒绝录用妇女或者提高对妇女的录用标准，应当依法与其签订劳动（聘用）合同或者服务协议，劳动（聘用）合同或者服务协议中不得规定限制女职工结婚、生育的内容。禁止录用未满 16 周岁的女性未成年人，国家另有规定的除外。

（二）同工同酬

实行男女同工同酬，妇女在享受福利待遇方面享有与男子平等的权利。在晋职、晋级、评定专业技术职务等方面，应当坚持男女平等的原则，不得歧视妇女。任何单位均应根据妇女的特点，依法保护妇女在工作和劳动时的安全和健康，不得安排不适合妇女从事的工作和劳动。

二、享有特殊保护

妇女在经期、孕期、产期、哺乳期受特殊保护。

（一）不得降低待遇

任何单位不得因结婚、怀孕、产假、哺乳等情形，降低女职工的工资，辞退女职工，单方解除劳动（聘用）合同或者服务协议。但是，女职工要求终止劳动（聘用）合同或者服务协议的除外。

（二）建立特殊设施

女职工在 100 人以上的单位，应逐步建立女职工卫生室。女职工每班在 100 人以下的单位，应设置简易的温水箱及冲洗器。对流动、分散工作单位的女职工应发放单人自用冲洗器。女职工较多的单位应建立孕妇休息室。有哺乳婴儿 5 名以上的单位，应逐步建立哺乳室。从事立位作业的女职工，妊娠满 7 个月后，其工作场所应设立工间休息座位。

（三）享有特殊假期

1. 月经期　患有重度痛经及月经过多的女职工，经医疗或妇幼保健机构确诊后，月经期间可适当给予 1 至 2 天的休假。

2. 怀孕期　怀孕女职工不应加班加点，怀孕 7 个月以上（含 7 个月）一般不得安排上夜班，应给予工间休息或适当减轻工作。怀孕女职工在劳动时间内进行产前检查，所需时间计入劳动时间。

3. 哺乳期　对哺乳未满1周岁婴儿的女职工，不得安排上夜班及加班、加点，应当在每天的劳动时间内安排1小时哺乳时间，生育多胞胎的，每多哺乳1个婴儿，每天增加1小时哺乳时间。婴儿满周岁时，经县级及以上的医疗或保健机构确诊为体弱儿，可适当延长哺乳时间，但不得超过6个月。

4. 生育期　女职工生育享受98天产假，其中产前可以休假15天；难产的，增加产假15天；生育多胞胎的，每多生育1个婴儿，增加产假15天。女职工怀孕未满4个月流产的，享受15天产假；怀孕满4个月流产的，享受42天产假。

三、享有特别劳动保护

女职工因其生理特点应当享有特别劳动保护的权益。用人单位应当遵守女职工禁忌从事的劳动范围的规定，应当将本单位属于女职工禁忌从事的劳动范围的岗位书面告知女职工。

（一）女职工禁忌从事的劳动范围

用人单位应禁止安排女职工从事下列劳动：①矿山井下作业；②体力劳动强度分级标准中规定的第四级体力劳动强度的作业；③每小时负重6次以上、每次负重超过20公斤的作业，或者间断负重、每次负重超过25公斤的作业。

（二）女职工在经期禁忌从事的劳动范围

女职工在经期，用人单位应禁止安排女职工从事下列劳动：①冷水作业分级标准中规定的第二级、第三级、第四级冷水作业；②低温作业分级标准中规定的第二级、第三级、第四级低温作业；③体力劳动强度分级标准中规定的第三级、第四级体力劳动强度的作业；④高处作业分级标准中规定的第三级、第四级高处作业。

（三）女职工在孕期禁忌从事的劳动范围

女职工在孕期，用人单位应禁止安排女职工从事下列劳动：①作业场所空气中铅及其化合物、汞及其化合物、苯、镉、铍、砷、氰化物、氮氧化物、一氧化碳、二硫化碳、氯、己内酰胺、氯丁二烯、氯乙烯、环氧乙烷、苯胺、甲醛等有毒物质浓度超过国家职业卫生标准的作业；②从事抗癌药物、己烯雌酚生产，接触麻醉剂气体等的作业；③非密封源放射性物质的操作，核事故与放射事故的应急处置；④高处作业分级标准中规定的高处作业；⑤冷水作业分级标准中规定的冷水作业；⑥低温作业分级标准中规定的低温作业；⑦高温作业分级标准中规定的第三级、第四级的作业；⑧噪声作业分级标准中规定的第三级、第四级的作业；⑨体力劳动强度分级标准中规定的第三级、第四级体力劳动强度的作业；⑩在密闭空间、高压室作业或者潜水作业，伴有强烈振动的作业，或者需要频繁弯腰、攀高、下蹲的作业。

（四）女职工在哺乳期禁忌从事的劳动范围

女职工在哺乳期，用人单位应禁止安排女职工从事下列劳动：①女职工在孕期禁忌从事的劳动范围的第一项、第三项、第九项；②作业场所空气中锰、氟、溴、甲醇、有机磷化合物、有机氯化合物等有毒物质浓度超过国家职业卫生标准的作业。

本章小结

　　本章学习重点是医院感染管理的组织管理、预防与控制；医疗机构对医疗废物的管理、医疗废物管理的一般规定；女职工特殊保护。学习难点为医院感染的预防控制措施，医疗机构管理医疗废物的各环节的要求，女职工享受的特别保护、特殊时期不宜从事的劳动。在学习过程中，要注重法治意识和法治素养的养成，提升运用法治思维分析、解决相关问题的能力。

（李顺见）

❓ 思考与练习

1. 预防医院感染发生的措施有哪些？
2. 对于医疗废物，有哪些运输方式是必须禁止的？
3. 女职工孕期、哺乳期应当享有哪些特别的权益？

实 训 指 导

实训1 护士执业注册模拟

【实训目的】

1. 熟练掌握护士执业注册的方法、程序。

2. 熟悉首次注册、延续注册、变更注册的条件与要求。

【实训准备】

1. 通过抽签的办法将学生分成3组，分别参加"首次注册、延续注册、变更注册"。

2. 授课教师和实训指导教师按照卫生健康主管部门注册工作流程做好相关准备工作。

【实训学时】 2学时。

【实训方法与结果】

（一）**实训方法**

1. 学生根据分组准备材料

（1）首次注册：①护士执业注册申请审核表；②申请人有效身份证明；③申请人学历证书及专业学习中的临床实习证明、护士执业资格考试合格证明；④医疗卫生机构拟聘用的相关材料。

（2）延续注册：护士执业注册申请审核表和申请人的护士执业证书。

（3）变更注册材料：护士执业注册申请审核表和申请人的护士执业证书。

在准备材料时，老师可根据当地卫生健康主管部门的要求，增加有关材料。材料准备力求贴近实际。毕业证书、护士执业证书等学生尚没有的文件资料，学生可根据实际的证书自行模拟制作。

2. 教师准备

（1）模拟制作首次注册时需用的护士执业证书。

（2）在教室设置模拟卫生健康主管部门相关科室。

3. 受理申请和完成注册模拟

（1）办理首次注册的学生到受理部门递交材料，授课教师扮演工作人员接受申请并审核材料，符合条件的予以执业注册，发给护士执业证书。

（2）办理变更注册或延续注册的学生到受理部门递交材料，授课教师扮演工作人员接受申请并审核材料，符合条件的予以变更注册或延续注册。

注意：①材料审核应注意考查学生准备的材料是否齐全并符合法律法规的要求，考查学生对护士执业注册、变更注册、延续注册等法律规定的理解和掌握程度。②整个过程注意考查学生文明礼貌的行为表现。

（二）实训结果

学生能根据法律法规要求完成注册申请的为合格。在合格基础上，学生的材料准备工作出色、申请过程表现良好的为优秀。实训结果记入平时成绩。

实训2 护理医疗事故案例讨论

【实训目的】

1. 通过案例讨论，让学生明确侵权责任及医疗事故的概念和构成，造成医疗事故所承担的法律责任。熟悉医疗事故的技术鉴定、处理方式和民事赔偿。

2. 培养学生严谨的工作态度，增强学生依法执业、防范医疗事故风险的法治意识。

【实训准备】

1. 物品 PPT资料、案例资料。

2. 环境 多媒体教室。

3. 讨论案例 教师自行准备典型案例，指导学生进行分组讨论。

【实训学时】 2学时。

【实训方法与结果】

（一）实训方法

1. 用PPT课件展示案例资料。

2. 将学生进行小组，每组确定一名组长，分组进行讨论。

3. 集中汇总讨论意见。由各组组长在归纳本组讨论情况的基础上，汇报本组的结论。老师进行意见汇总。

4. 辩论和讲评。如果出现不同意见，老师组织引导意见相悖组进行辩论，其他学生参与发表意见。如果没有出现相悖的意见，老师进行讲评。

（二）实训结果

考查学生以事实为依据，以法律为准绳分析问题的能力。老师根据学生在讨论过程中的表现（包括参与的态度和程度，发表意见的角度独特性、思维的创新性、逻辑的严密性、表达能力等）对学生分等级进行评价，并记入平时成绩。

实训3 参观预防接种门诊

【实训目的】

1. 现场认知预防接种工作流程。

2. 学会预防接种的各项规章制度。

3. 熟悉免疫规划疫苗的外观辨认及其特性与作用的有关知识。

4. 了解本预防接种门诊落实预防接种制度的情况。

通过参观学习,直观感知《中华人民共和国疫苗管理法》规定的内容。

【实训准备】

1. 做好与预防接种门诊的联系沟通工作,告知参观内容与要求。

2. 做好分组和组织安排。

3. 准备好工作服(到达门诊即穿上护士服、戴上护士帽)。

【实训学时】 2学时。

【实训方法与结果】

（一）实训方法

根据预防接种门诊规模安排学生分批进行参观活动。

1. 首先集中听取预防接种门诊有关人员介绍接种门诊的基本情况、工作程序及落实预防接种制度的情况。

2. 现场参观,要求学生记录参观情况及各项制度规定。

3. 本实践活动可以与免疫学等课程的相关实训一起组织进行。

（二）实训结果

以小组为单位,组织撰写一份《×× 预防接种门诊贯彻执行〈中华人民共和国疫苗管理法〉的调查报告》。老师对学生的调查报告进行批阅,并记入平时成绩。

教学大纲（参考）

一、课程性质

卫生法律法规是中等卫生职业教育护理专业一门重要的专业选修课程。本课程的主要内容包括护士执业、侵权责任、医疗事故处理、传染病防治、疫苗管理、突发公共卫生事件应急、献血、母婴保健、医院感染管理、医疗废物管理、女职工保护等方面的法律法规知识。本课程的任务是帮助学生正确理解习近平法治思想，掌握护士执业资格考试及从业需要的主要卫生法律法规知识，增强依法执业、维护医患合法权益、构建和谐医患关系的自觉性，提升运用法治思维分析问题、解决问题的能力。本课程的先修课程是职业道德与法律。

二、课程目标

通过本课程的学习，学生能够达到下列要求：

（一）职业素养目标

1. 具有运用法治思维分析问题、解决问题的态度和能力。

2. 具有良好的职业道德和救死扶伤、爱岗敬业、乐于奉献、精益求精的职业素质。

3. 具有团结协作、勇于吃苦的良好品德。

（二）专业知识和技能目标

1. 掌握卫生法作用和渊源，卫生法律关系和医患法律关系的构成要件。

2. 掌握护士执业注册，护士的权利、义务和从业规范，女职工保护，母婴保健技术服务。

3. 掌握医疗事故分级和处理原则，医疗事故鉴定机构、人员及鉴定过程，医疗损害责任的归责原则和免责事由。

4. 掌握传染病的控制、医疗救治及疫情报告和公布，艾滋病的预防与控制，突发公共卫生事件的报告、信息发布及应急处置。

5. 掌握医院感染预防与控制，医疗机构对医疗废物的管理，采供血管理，医疗机构用血管理。

6. 熟悉卫生法律关系的产生、变更和消灭，卫生法律责任的概念、特点和种类。

7. 熟悉护士执业资格考试，医疗卫生机构管理和使用护士的要求。

8. 熟悉医疗事故的预防，侵权责任和医疗损害责任的概念及构成要件。

9. 熟悉传染病的预防及防治方针和原则，艾滋病的救助与治疗，突发公共卫生事件的预防与应急准备，血站的设置和执业许可，原料血浆的管理。

10. 熟悉医院感染的组织管理，医疗废物管理的一般规定，女职工劳动特别保护，母婴保健医学技术鉴定。

11. 了解卫生法律法规的学习方法，各种事项的监督管理，法律制度建设及违法责任。

12. 了解医疗卫生机构护士配备要求，女职工平等劳动权利，医院感染管理的人员培训，医疗废物集中处置，血液制品生产经营单位的管理，临床用血的费用。

13. 熟练掌握运用卫生法律法规维护医患合法权益、构建和谐医患关系。

14. 学会依法依规执业，运用所学法律法规知识解释和说明卫生法律事件或现象。

三、时间安排

教学内容	学时		
	理论	实践	合计
一、绪论	2		
二、护士执业法律制度	2		
三、侵权责任及医疗事故处理法律制度	3		
四、传染病防治法律制度	3	2*	
五、疫苗管理及突发公共卫生事件应急法律制度	2		
六、献血法律制度	2		
七、母婴保健法律制度	2		
八、医院感染与医疗废物管理及女职工保护法律制度	2		
合计	18	2	20

2*：2课时的实践不作硬性安排，具体安排到哪一章，由老师根据教学实际自主决定。

四、课程内容和要求

单元	教学内容	教学要求	教学活动参考	参考学时	
				理论	实践
一、绪论	（一）卫生法概述		理论讲授 案例教学 多媒体演示	2	2*
	1. 卫生法的概念与特点	熟悉			
	2. 卫生法调整的对象	熟悉			
	3. 卫生法的作用	掌握			
	4. 卫生法的渊源	掌握			
	（二）卫生法律关系				
	1. 卫生法律关系的概念及特征	掌握			
	2. 卫生法律关系的构成要素	掌握			
	3. 卫生法律关系的产生、变更和消灭	熟悉			
	（三）卫生法律责任				
	1. 卫生法律责任的概念及特点	熟悉			
	2. 卫生法律责任的种类	熟悉			
	（四）医患法律关系				
	1. 医患法律关系的概念及性质	掌握			

单元	教学内容	教学要求	教学活动参考	参考学时	
				理论	实践
	2. 医患法律关系的构成	熟悉			
	（五）卫生法律法规的学习方法				
	1. 理论联系实际的方法	了解			
	2. 辩证唯物史观的方法	了解			
	3. 案例分析的方法	了解			
二、护士执业法律制度	（一）概述		理论讲授案例教学技能实践习题教学小组合作多媒体演示	2	
	1. 护士的概念及法律制度建设	熟悉			
	2. 护士执业资格考试	熟悉			
	（二）护士执业注册				
	1. 执业注册	掌握			
	2. 延续注册	掌握			
	3. 变更注册	掌握			
	4. 重新注册	掌握			
	5. 注销注册	掌握			
	（三）护士执业的权利和义务、从业规范				
	1. 护士执业的权利	掌握			
	2. 护士执业的义务	掌握			
	3. 护士从业规范	掌握			
	（四）医疗卫生机构的职责				
	1. 配备护士要求	了解			
	2. 管理使用护士要求	熟悉			
	（五）法律责任				
	1. 卫生健康主管部门工作人员的法律责任	了解			
	2. 医疗卫生机构的法律责任	熟悉			
	3. 护士的法律责任	掌握			
	4. 社会其他人员的法律责任	了解			
	实训1　护士执业注册模拟	掌握			

单元	教学内容	教学要求	教学活动参考	参考学时 理论	参考学时 实践
三、侵权责任及医疗事故处理法律制度	（一）概述		理论讲授 案例教学 技能实践 习题教学 小组合作 多媒体演示	3	
	1. 侵权责任的概念及构成要件	熟悉			
	2. 医疗损害责任的概念及特征	熟悉			
	3. 医疗事故的概念及构成要件	掌握			
	（二）归责原则和免责事由				
	1. 侵权责任的归责原则及免责事由	了解			
	2. 医疗损害责任的归责原则及免责事由	掌握			
	3. 不属于医疗事故的情形	熟悉			
	（三）医疗事故分级及处理原则				
	1. 医疗事故的分级	掌握			
	2. 医疗事故的处理原则	掌握			
	（四）医疗事故的预防与处理				
	1. 医疗事故的预防	熟悉			
	2. 医疗事故发生后的处置	掌握			
	3. 医疗事故的处理	掌握			
	（五）医疗事故技术鉴定				
	1. 医疗事故技术鉴定机构及人员	掌握			
	2. 医疗事故技术鉴定程序的启动	熟悉			
	3. 医疗事故技术鉴定过程	掌握			
	4. 医疗事故技术鉴定费用	了解			
	（六）法律责任				
	1. 行政责任	了解			
	2. 民事责任	了解			
	3. 刑事责任	了解			
	实训2 护理医疗事故案例讨论	学会			
四、传染病防治法律制度	（一）概述		理论讲授 案例教学 习题教学 小组合作 多媒体演示	3	
	1. 传染病防治法律制度建设	了解			
	2. 传染病防治目的、方针和原则	熟悉			
	3. 传染病防治法的适用范围	了解			
	4. 法定管理的传染病病种	掌握			
	（二）传染病预防和控制				
	1. 传染病的预防	熟悉			

单元	教学内容	教学要求	教学活动参考	参考学时	
				理论	实践
	2. 传染病疫情的报告、通报和公布	掌握			
	3. 传染病的控制	掌握			
	4. 传染病的医疗救治	掌握			
	（三）传染病防治监督				
	1. 传染病防治监督管理机关及其职责	了解			
	2. 传染病管理监督员及其职责	了解			
	3. 传染病管理检查员及其职责	了解			
	（四）法律责任				
	1. 行政责任	了解			
	2. 刑事责任	了解			
	3. 民事责任	了解			
	（五）艾滋病防治法律制度				
	1. 艾滋病防治原则	熟悉			
	2. 艾滋病病毒感染者、艾滋病病人及其家属的权利和义务	掌握			
	3. 预防与控制	掌握			
	4. 治疗与救助	熟悉			
五、疫苗管理及突发公共卫生事件应急法律制度	（一）疫苗管理法律制度		理论讲授 案例教学 技能实践 习题教学 小组合作 多媒体演示	2	
	1. 概述	了解			
	2. 疫苗的生产与流通	熟悉			
	3. 疫苗接种	掌握			
	4. 异常反应的处理	掌握			
	5. 监督管理	了解			
	（二）突发公共卫生事件应急法律制度				
	1. 概述	熟悉			
	2. 预防与应急准备	熟悉			
	3. 报告与信息发布	掌握			
	4. 应急处理	掌握			
	（三）法律责任				
	1. 违反《中华人民共和国疫苗管理法》的法律责任	了解			
	2. 违反《突发公共卫生事件应急条例》的法律责任	了解			
	实训3 参观预防接种门诊	学会			

单元	教学内容	教学要求	教学活动参考	参考学时	
				理论	实践
六、献血法律制度	（一）概述		理论讲授 案例教学 习题教学 小组合作 多媒体演示	2	
	1. 献血法的概念	了解			
	2. 献血法律制度建设	了解			
	（二）无偿献血				
	1. 无偿献血的概念	熟悉			
	2. 无偿献血的主体	掌握			
	3. 无偿献血的管理	熟悉			
	（三）血站管理				
	1. 血站的设置和执业许可	熟悉			
	2. 采供血管理	掌握			
	3. 监督管理	了解			
	（四）血液制品管理				
	1. 血液制品的概念	了解			
	2. 原料血浆的管理	熟悉			
	3. 血液制品生产经营单位的管理	了解			
	（五）临床用血的管理				
	1. 临床用血概念及原则	熟悉			
	2. 医疗机构用血的规定	掌握			
	3. 临床输血技术规范	掌握			
	4. 临床用血费用	了解			
	（六）法律责任				
	1. 行政责任	了解			
	2. 民事责任	了解			
	3. 刑事责任	了解			
七、母婴保健法律制度	（一）概述		理论讲授 案例教学 习题教学 小组合作 多媒体演示	2	
	1. 母婴保健法律制度建设	了解			
	2. 母婴保健法的概念、调整对象及立法意义	了解			
	3. 母婴保健法的适用范围	了解			
	（二）母婴保健技术服务				
	1. 母婴保健技术服务内容	掌握			
	2. 婚前保健	掌握			
	3. 孕产期保健	掌握			

单元	教学内容	教学要求	教学活动参考	参考学时 理论	参考学时 实践
	4. 新生儿疾病筛查	掌握			
	5. 婴儿保健	掌握			
	6. 母婴保健医学技术鉴定	熟悉			
	（三）母婴保健监管				
	1. 机构和人员的执业许可	熟悉			
	2. 监督管理机构和监督人员	熟悉			
	（四）法律责任				
	1. 擅自从事母婴保健技术服务的法律责任	了解			
	2. 出具虚假医学证明文件的法律责任	了解			
	3. 违反规定进行胎儿性别鉴定的法律责任	了解			
	4. 造成医疗损害的法律责任	了解			
八、医院感染与医疗废物管理及女职工保护法律制度	（一）医院感染管理法律制度		理论讲授 案例教学 习题教学 小组合作 多媒体演示	2	
	1. 组织管理	熟悉			
	2. 预防与控制	掌握			
	3. 人员培训	了解			
	（二）医疗废物管理法律制度				
	1. 医疗废物管理的一般规定	熟悉			
	2. 医疗卫生机构对医疗废物的管理	掌握			
	3. 医疗废物的集中处置	了解			
	（三）女职工劳动保护法律制度				
	1. 享有平等劳动权利	了解			
	2. 享有特殊保护	掌握			
	3. 享有特别劳动保护	熟悉			

注：*2 课时的实践不作硬性安排，具体安排到哪一章，由老师根据教学实际自主决定。

五、说明

（一）教学安排

本教学大纲主要供中等卫生职业教育护理专业教学使用。课程总学时为 20 学时，其中，理论教学 18 学时，实践教学 2 学时。

（二）教学要求

1. 理论教学　本课程对理论部分教学要求分为掌握、熟悉、了解 3 个层次。掌握：是指对上述卫生法律法规基本知识、卫生法律制度内容有较深刻的认识，并能综合、灵活地运用所学的知识解决实际问题。熟悉：是指能够领会上述卫生法律法规基本知识、卫生法律制度内容，解释护理工作过程中的法律现象。了解：是指对上述卫生法律法规基本知识、卫生法律制度内容能有一定的认识，能够记忆所学的知识要点。

2. 实践教学　本课程对实践教学要求分为掌握和学会2个层次。掌握：是指能独立、正确地完成学法、用法任务。学会：即在教师的指导下能基本完成学法、用法任务。

（三）教学建议

1. 教学方法　本课程贯彻习近平新时代中国特色社会主义思想和习近平法治思想，落实立德树人根本任务，依据护士岗位的工作任务、职业能力要求，重点突出应对护士执业资格考试和依法执业、维护医患双方合法权益，并自觉构建和谐医患关系的教学理念，强化卫生法律知识学习和卫生法制意识的培养，切实增强学生依法依规开展护理工作的思想自觉和行动自觉。根据培养目标、教学内容和学生的学习特点以及执业资格考核要求，提倡案例教学、任务教学、情景教学、小组合作、角色扮演、技能实践、习题教学等多种教学方法，辅以PPT课件及视频等多媒体教学手段，提高学生的学习兴趣，增强学生学习的主动性，提升教学效果。

2. 教学评价　以学生的全面发展为目标，注重学生综合素质的评价，坚持过程性评价、结果性评价相结合，实施多元化、多样化的评价。教学过程中，可通过测验、观察记录和理论考试、实践训练等多种形式对学生的职业素养、专业知识和实践技能进行综合考评。评价内容不仅关注学生对卫生法律法规知识的理解和技能的掌握，更要关注卫生法律法规知识在护理工作实践中的运用与解决实际问题的能力水平，以及敬业精神、学习态度、合作沟通、实践创新等，重视依法执业等职业素养的形成。

3. 课时安排　本课程的理论课时是根据教学内容的难易、多少等情况综合确定的，老师在实际教学中也可进行适当调整。由于课时的限制，实践教学仅安排2个学时，老师在实际教学中，可视具体情况自行选取本教材中的一个实训方案进行实践技能教学，也可选取在其他章节开展实践技能教学活动。通过理论与实践相结合，使学生掌握相关法律法规知识，具备法治思维能力，依法执业，增进人民健康。

参 考 文 献

[1] 曹康泰. 突发公共卫生事件应急条例释义 [M]. 北京: 中国法制出版社, 2003.

[2] 王峰. 卫生法律法规 [M]. 2版. 北京: 人民卫生出版社, 2008.

[3] 吴崇其, 张静. 卫生法学 [M]. 2版. 北京: 法律出版社, 2010.

[4] 吴崇其. 中国卫生法学 [M]. 3版. 北京: 中国协和医科大学出版社, 2011.

[5] 许练光. 卫生法律法规 [M]. 3版. 北京: 科学出版社, 2012.

[6] 樊立华. 卫生法学概论 [M]. 3版. 北京: 人民卫生出版社, 2013.

[7] 付能荣, 周奎. 护理伦理与法规 [M]. 北京: 中国医药科技出版社, 2013.

[8] 王峰. 卫生法律法规 [M]. 北京: 科学出版社, 2015.

[9] 许练光. 卫生法律法规 [M]. 3版. 北京: 人民卫生出版社, 2015.

[10] 罗卫群. 卫生法律法规 [M]. 3版. 北京: 人民卫生出版社, 2017.